Zentral-Dombau-Verein zu Köln (Hrsg.)

Robert Boecker

„ICH FÜRCHTE, HERR PASTOR, WIR SIND BESTOHLEN

Kölner Dom
Geschichten und Geheimnisse

ZDV
Zentral-Dombau-Verein
zu Köln von 1842

J.P. BACHEM VERLAG

Gewidmet

Meiner Frau, die mir großzügig die Freiheit lässt,
meiner Leidenschaft für den Dom zu folgen

Meinem Freund, Prälat Erich Läufer,
von dem ich viel gelernt
und dem ich viel zu verdanken habe

Den Frauen und Männern in der Dombauhütte
und -verwaltung, die durch ihren Einsatz
dazu beitragen, den Dom zu erhalten

Bildnachweis
Rheinisches Bildarchiv Köln: S. 58 (rba_c019906), S. 103 (rba_d032148)
Alle übrigen Abbildungen: Robert Boecker / Archiv Robert Boecker

Wir haben uns bemüht, für alle Abbildungen die entsprechenden Inhaber der Rechte zu ermitteln.
Sollten dennoch Ansprüche offen sein, bitten wir um Benachrichtigung.

Bibliografische Information der Deutschen Nationalbibliothek
Die Deutsche Nationalbibliothek verzeichnet diese Publikation in der Deutschen
Nationalbibliografie; detaillierte bibliografische Daten sind im Internet über
http://dnb.dnb.de abrufbar.

1. Auflage 2016
© J.P. Bachem Verlag, Köln 2016
Lektorat: Brigitte Lotz, Bochum
Layout: Rüdiger Müller, Köln
Umschlaggestaltung: Cindy Kinze, Köln
Druck: Grafisches Centrum Cuno, Calbe
ISBN 978-3-7616-3043-3 Buchausgabe
ISBN 978-3-7616-3121-8 EPUB
ISBN 978-3-7616-3122-5 PDF
ISBN 978-3-7616-3123-2 MOBI

Auch als

eBook
erhältlich

Aktuelle Programminformationen finden Sie unter
www.bachem.de/verlag

Als mich Robert Boecker vor einiger Zeit fragte, ob ich für sein Buch ein Geleitwort schreiben würde, habe ich sofort und gerne zugestimmt. Ich kenne Robert Boecker schon seit vielen Jahren. Zum ersten Mal sind wir uns begegnet, als ich noch Direktor des Collegium Albertinum in Bonn war. Damals waren bei Bauarbeiten am Albertinum bedeutende Funde aus römischer Zeit gemacht worden. Als Redakteur der Kirchenzeitung war Boecker nach Bonn gekommen, um darüber zu berichten. Seither haben wir uns nie aus den Augen verloren.

Als aufmerksamer Leser der Kirchenzeitung für das Erzbistum Köln schätze ich die Beiträge des heutigen Chefredakteurs schon seit Langem. Ich freue mich, dass einige der Geschichten über den Dom, jetzt um viele Informationen erweitert, in Form eines Buches erscheinen. Es fasziniert mich, dass Boecker es nicht nur versteht, die Geschichten spannend und fesselnd zu erzählen, sondern dass er sie mit eigenen eindrucksvollen Fotos illustriert. Deshalb liegt für mich der besondere Wert dieses Buches sowohl in den Textbeiträgen als auch in den ausdrucksstarken Fotos.

Robert Boecker hat als Titel für sein Buch ein Zitat aus dem Jahr 1820 gewählt. Damals hatte ein Dieb den Schrein der Heiligen Drei Könige bestohlen, und ein Kaplan war mit besagtem Satz auf den Lippen in die Sakristei gestürmt. Niemand hätte es vor Wochen noch für möglich gehalten, dass das Kapitel über die diversen Diebstähle im Dom in den letzten 500 Jahren um eine aktuelle Passage ergänzt werden muss: Anfang Juni 2016 stahlen unbekannte Täter eine Reliquie des Heiligen Papstes Johannes Paul II. Sie stellen sich damit in die traurige Tradition von Dieben, die in der Vergangenheit immer wieder großen Schaden verursacht haben.

Doch in diesem Buch geht es nicht nur um solche negativen Erfahrungen im Leben; man liest Geschichten um den Dom, die das Leben schreibt – spannend, amüsant, zum Nachdenken anregend.

Ich freue mich, dass mit diesem Buch vieles thematisiert wird, das weitgehend unbekannt ist. Dass darüber hinaus auch der Dom mit einem Erlös für jedes verkaufte Buch bedacht ist, erfreut sicher nicht nur den Dompropst.

Gerd Bachner, Dompropst

GELEITWORT

Im Jahr 2017 feiert der Zentral-Dombau-Verein (ZDV) sein 175-jähriges Bestehen. Mit Stolz und Selbstbewusstsein darf man sagen, dass es ohne den 1842 entstandenen Verein keine Vollendung des Doms gegeben hätte. Nach seiner Gründung brachte der ZDV den größten Teil der Baukosten für den Dom auf. Mit seinen aktuell mehr als 14 000 Mitgliedern trägt der ZDV auch heute noch mehr als 60 Prozent der jährlichen Baukosten zur Erhaltung des Bauwerkes. Das Geld der Mitglieder investiert der Verein ausschließlich in die Renovierungs- und Erhaltungskosten. Für mich als Präsidenten, aber auch für den Kölner Dom, wäre es eine große Freude, wenn es im Jubiläumsjahr gelänge, die Zahl der Mitglieder auf 17 500 zu steigern.

Sicherlich trägt dieses Buch dazu bei, Menschen für den Dom zu begeistern und ihr Interesse zu wecken. Ich freue mich, dass dieses Werk in der Herausgeberschaft des ZDV erscheint. Robert Boecker unterstützt den ZDV nicht nur als Mitglied seit vielen Jahren. In den vergangenen Jahrzehnten hat er durch viele Artikel den Dom zum Thema gemacht und für das Anliegen des Dombauvereins geworben. Ich bin besonders glücklich darüber, dass von jedem verkauften Buch 2 Euro an den ZDV gehen. Damit knüpft der Autor an eine Tradition aus der Gründungszeit des Vereins an, als viele Autoren auf diese Weise zum Gelingen des großen Werkes beitrugen. Möge dieses Beispiel im Interesse des Kölner Doms Schule machen.

Ich kenne Robert Boecker seit vielen Jahren als engagierten Domfreund. „Ich fürchte, Herr Pastor, wir sind bestohlen" enthält Geschichten, die in der Art ihrer Erzählung neu und faszinierend sind. Ich wünsche Ihnen mit dem Buch gute Unterhaltung und viele neue Erkenntnisse.

Michael H.G. Hoffmann,
Präsident des Zentral-Dombau-Vereins zu Köln

VORWORT

Ein merkwürdiger Stein, eingemauert neben der Haustür am Haus eines Großonkels, hat mich als kleines Kind immer fasziniert. Der schwarze Stein war behauen und hatte in meinen Kinderaugen Ähnlichkeit mit einer versteinerten Blüte. Ein wenig verschämt, aber auch nicht ohne Stolz, sagte mir der Onkel, dass dieser Stein vom Kölner Dom stamme und er ihn unmittelbar nach dem Krieg „einer neuen Verwendung zugefügt habe". Damals habe ich nicht verstanden, was er damit meinte. Aber ich ahnte, dass den Stein ein kleines Geheimnis umgab.

Dies war meine erste Begegnung mit dem Kölner Dom. Das war Mitte der 1960er-Jahre. Ich muss sechs oder sieben Jahre alt gewesen sein. In dieser Zeit nahm mich meine Oma oft mit nach Köln. Vom Bahnhof aus führte uns der erste Weg immer in den Dom. Das Gebet vor der Muttergottes und das Entzünden von Kerzen waren selbstverständlich. Dann ging ich mit meiner Großmutter durch die Kathedrale bis zum Schrein der Heiligen Drei Könige. Ich war sprachlos angesichts dessen, was sich meinen Kinderaugen dort goldglänzend präsentierte.

Mit dem Beginn meines Volontariats bei der Kirchenzeitung für das Erzbistum Köln im Herbst 1988 rückte der Dom in den Blickpunkt meines beruflichen Interesses. Das Bauwerk und die dort arbeitenden Menschen begannen mich, den geschichtsinteressierten jungen Journalisten, immer mehr zu begeistern. An-fang der 1990er-Jahre legte mir mein damaliger Chefredakteur, Prälat Erich Läufer, ein Buch auf den Schreibtisch. Ich sollte eine Rezension für die Zeitung schreiben. Der Titel des Werkes lautete: „Der Kölner Dom". Geschrieben hatte es der geniale Journalist Wolf Schneider. Ich las das Buch an einem Tag.

Von diesem Moment an hatte der Dom mein Herz gewonnen. Die Beschäftigung mit der Geschichte dieser Kathedrale ist zu meiner Leidenschaft geworden. Seither sammle ich alles, was mit dem Dom zu tun hat: Literatur, Grafiken, Medaillen, historische Fotografien und vieles mehr. Und ich habe begonnen, Geschichten zu schreiben – Geschichten und Reportagen aus dem Leben des Doms und derjenigen, die dort arbeiten und wirken. Je mehr ich mich in die Materie vertiefte, umso mehr Themen entdeckte ich. In den fast drei Jahrzehnten, in denen ich jetzt bei der Kirchenzeitung tätig bin, habe ich zahlreiche Artikel über den Dom publiziert. Dank des Vertrauens, welches mir von den für den Dom verantwortlichen Menschen geschenkt wird, habe ich immer wieder die Möglichkeit, an normalerweise nicht zugänglichen Orten und bei besonderen Anlässen exklusive Fotos zu machen. Einige dieser Fotos sind in diesem Buch enthalten.

Für mich ist dieses Werk eine Blütenlese an Fotos und Geschichten, die in der Vergangenheit bereits Thema in der Kirchenzeitung waren. Jetzt erscheinen sie überarbeitet, ausgeweitet und aktualisiert.

Robert Boecker

EINLEITUNG

WIE ALLES ANFÄNGT

01

Wie wird der Dom einmal in der Vollendung aussehen? Diese Frage hat die Menschen Mitte des 19. Jahrhunderts beschäftigt.
Zahlreiche Künstler haben versucht, die Vollendung zu antizipieren.

Die älteste Bürgerinitiative der Welt feiert 2017 ihren 175. Geburtstag. Seit der Gründung am 15. Februar 1842 ist der Zentral-Dombau-Verein das „Rückgrat" der Domvollendung. Gäbe es den Dom, so wie er heute von Menschen aus aller Welt bewundert wird, ohne diesen Verein? Wohl kaum. Ohne diesen Verein wäre der jährliche Etat der Dombauhütte nicht einmal halb so hoch. Dieser Verein, der darauf hofft, im Jubiläumsjahr das 17 500. Mitglied aufnehmen zu können, ist die „Lebensader" der Kathedrale.

Der Dom wäre vielleicht nie vollendet worden, hätte der preußische König Friedrich Wilhelm IV. nicht am 8. Dezember 1841 das von 200 engagierten Kölner Bürgern vorgelegte Statut für die Gründung eines „Dombau-Vereins zu Köln" durch seine Unterschrift genehmigt. „Unter dem Namen ‚Dombau-Verein' bildet sich in Köln ein Verein, welcher den Zweck hat, vermittelst Darbringung von Geldbeträgen und in jeder sonst angemessenen Weise für die würdige Erhaltung und den Fortbau der katholischen Kathedral-Domkirche in Köln nach dem ursprünglichen Plane thätig zu werden", lautet Paragraf 1 des Statuts. Mit der Unterschrift des Königs ist der Weg zur Vereinsgründung endlich frei.

Am 15. Februar 1842 versammeln sich zur ersten Generalversammlung über 3000 Menschen im Kölner Gürzenich. Die Begeisterung kennt keine Grenzen. Während die Generalversammlung tagt und einen Vereinsvorstand wählt, können sich die Bürger in die ausliegenden Mitgliederlisten eintragen. Sie stehen Schlange und wollen mithelfen, das große Werk zu vollenden. Am Ende der Versammlung hat der rein weltlich ausgerichtete Verein 4832 Mitglieder, über 1500 mehr als zu Versammlungsbeginn. Jüngstes Neu-Mitglied ist Maria Eva Groyen. Erst einen Tag zuvor hat sie das Licht der Welt erblickt, zeitig genug, um als Gründungsmitglied dabei zu sein. Auf mehr als 10 000 wird die Zahl der Mitglieder in den folgenden Monaten anwachsen.

Schade, dass Friedrich Wilhelm IV. bei diesem großen Ereignis nicht anwesend war. Wenige Tage zuvor ist der preußische König noch in Köln gewesen. Im Vorfeld dieses Besuches war in den Medien darüber spekuliert worden, ob der König schon im Februar den Grundstein für den Domfortbau legen würde. Doch der winkt ab. Im Herbst, aus Anlass der großen Herbstmanöver, werde er wieder in den Westen seines

Reiches kommen und dann auch die feierliche Grundsteinlegung vornehmen.

Mit diesem 15. Februar beginnt eine bis heute anhaltende Erfolgsgeschichte, die ohne Beispiel ist. Der Tag markiert aber auch das Ende einer Entwicklung, die untrennbar mit dem Namen Sulpiz Boisserée verbunden ist. Er ist es, der entscheidend dazu beigetragen hat, den schweren Stein mit Namen „Domvollendung" ins Rollen zu bringen.

Der Preußenkönig Friedrich Wilhelm IV. förderte das große Vorhaben der Domvollendung nicht nur finanziell erheblich.

Boisserée wird am 17. August 1783 in Köln als zweitjüngstes von elf Geschwistern geboren. Seine Heimatstadt bietet zu dieser Zeit nur ein Schattenbild einstiger Größe. Zeitgenossen beschreiben Köln als schmutzigen und heruntergekommenen Ort. Seit der Einstellung der Bauarbeiten in der zweiten Hälfte des 16. Jahrhunderts bestimmt der Torso des unvollendeten Doms das Bild der Freien Reichsstadt.

1790 kommt der aus Koblenz stammende Priester Josef Gregor Lang nach Köln. In seinem

denkt sich noch so viel hinzu, wenn man das Unvollständige betrachtet, und weiß nicht, was man sagen soll. – Was würde dieser Koloß erst geworden sein?"

Im selben Jahr besucht auch der Schriftsteller und Naturwissenschaftler Georg Forster gemeinsam mit Alexander von Humboldt Köln und den Dom. Forsters wenig später veröffentlichte Reiseerinnerungen rücken den unvollendeten Dom in den Blickpunkt einer breiten Öffentlichkeit:

DIE KATHEDRALE IM DORNRÖSCHEN-SCHLAF

Buch „Reise auf dem Rhein – von Andernach bis Düsseldorf", einer der ersten Reiseführer überhaupt, widmet sich der Autor eingehend der Beschreibung dessen, was er sieht und erlebt:

„Überhaupt ist Kölln in der Kultur wenigstens ein Jahrhundert hinter dem ganzen übrigen Deutschland zurück, Wenn man das fünf Stunden nur davon entfernt liegende Bonn und das benachbarte Düsseldorf, das nur sieben Stunden davon abliegt, damit in Vergleich zieht, so weiß man gar nicht, was man sagen soll und man muß sie [die Stadt Köln] mitten im Vaterlande für eine fremde Kolonie halten; so sehr zeichnen sie sich im Umgange, in Sprache, Kleidung, Handlung und sogar in ihren Physiognomien, die noch so viel Italienisches von ihrer mehr als tausendjährigen Wanderung beibehalten haben, vor ihren Benachbarten aus. [...] Viele Menschen leben hier, um ruhig zu leben, keine steife, beleidigende, alle angenehme und unterhaltende Gesellschaft tödende Etikette quält sie."

Beeindruckt ist Lang von der unvollendeten Kathedrale:

„Unter den Merkwürdigkeiten dieser Stadt stehet die Domkirche, ein ungeheures und doch unvollendetes Werk, mit Recht an der Spizze. Würde dieser Tempel ausgeführt worden seyn; so wäre er gewiß eins der schönsten gothischen Gebäude in der Welt [...]. Von außen ist die unvollendete Architektur von einem seltenen Anblicke; man stehet da, sieht, und staunet über das stolze Unternehmen,

Josef Gregor Lang veröffentlichte 1790 mit diesem Buch einen der ersten Reiseführer.

„Es ist sehr zu bedauern, daß ein so prächtiges Gebäude unvollendet bleiben muss. Wenn schon der Entwurf, in Gedanken ergänzt, so mächtig erschüttern kann, wie hätte nicht die Wirklichkeit uns hingerissen."

Erst allmählich wird der vor sich hin bröckelnde Dom von Intellektuellen entdeckt und zumindest literarisch aus seinem Dornröschenschlaf geweckt. Bei Boisserée, der schon seit früher Kindheit eine besondere Beziehung zum

Dom hat, sind die Gedanken Forsters wie Samenkörner, die auf fruchtbaren Boden fallen und in den nächsten Jahren langsam zu keimen beginnen. In seiner Biografie wird Boisserée später Forster als denjenigen bezeichnen, „der schon früher meiner jugendlichen Verehrung für den Dom von Köln zur Stütze gegen die Verächter alles Mittelalterlichen geworden" ist.

Zunächst wird Boisserée Zeuge des Tiefpunkts in der Geschichte des Doms. 1794 übernehmen französische Revolutionstruppen

Sulpiz Boisserée, der entscheidend zur Domvollendung beitrug

die Herrschaft in Köln. Für die Kirche brechen schwere Zeiten an. Das Domkapitel ist mitsamt des Dreikönigenschreins und des Domschatzes vor den Anhängern von Liberté, Fraternité und Égalité geflohen. 1796 wird der Dom sogar zum Kriegsgefangenenlager. Die dort eingesperrten Soldaten verbrennen alles, was nicht niet- und nagelfest ist. Die unwiederbringlichen Verluste sind gewaltig.

B oisserée, der begüterte Kaufmannssohn aus wohlhabenden Verhältnissen, beginnt gemeinsam mit seinem Bruder Melchior und einem Freund nach der Aufhebung von Kirchen und Klöstern im Zuge der Säkularisation, Kunst zu sammeln. Für „einen Apfel und ein Ei" kauft er einem Bauern, der auf seinem Handkarren mittelalterliche Malereien durch die Stadt fährt, die Werke alter Meister ab. Innerhalb weniger Jahre bauen die Boisserées eine bedeutende Sammlung mittelalterlicher Malerei auf.

EIN MANN HAT EINE VISION

Den Herbst und Winter 1803/04 verbringen Sulpiz, Melchior und ihr Freund Johann Baptist Bertram in Paris. Sie wohnen bei Friedrich Schlegel, hören dessen Vorlesungen und lassen sich von dem berühmten Gelehrten begeistern. Im nächsten Jahr überreden sie Schlegel, der sich als Kulturphilosoph, als Schriftsteller, Literatur- und Kunstkritiker wie auch als Historiker einen Namen gemacht hat, mit nach Köln zu kommen. Mit der Aussicht, Lehrer an einer höheren Schule zu werden, siedelt Schlegel in die Domstadt über. Einige Jahre später tritt er im Dom zum Katholizismus über.

In Köln entdeckt Schlegel, der als einer der Begründer der Frühromantik gilt, den Dom als Musterbeispiel für die Gotik. Für ihn ist es der deutsche Stil schlechthin.

„Das Merkwürdigste aller Denkmahle ist der Dom. Wäre er vollendet, so würde auch die gothische Baukunst ein Riesenwerk aufzuzeigen haben, was den stolzesten des neuen oder alten Roms verglichen werden könnte."

In dieser Zeit erscheinen Schlegels „Grundzüge der gothischen Baukunst", die Boisserée nachhaltig beeinflussen. Ein irrwitzig erscheinender Gedanke nimmt für den Kaufmann und Kunstsammler allmählich Kontur an: Der Dom soll vollendet werden. In seiner Biografie heißt es:

„Im Winter 1808 kam es in mir zu einer großen, gewaltigen Gärung. Die Vorlesungen von Schlegel waren beendigt; die Beschäftigung mit der Kunst, das Sammeln altdeutscher Gemälde und das Studium der Kunstgeschichte, besonders auch der mittelalterlichen Baukunst, hatte meine Neigung immer mehr in Anspruch genommen. Nun warf ich mich zu Anfang des Jahres auch noch auf die Ausmessung des Doms, und ich begann leidenschaftlich von einem Werke zu träumen, welches dieses so traurig unterbrochene Denkmal deutscher Größe im Bilde vollendet darstellen sollte."

Boisserée investiert viel Geld und Zeit, um den Dom in seinem aktuellen Zustand und in der Vision der Vollendung von den besten Zeichnern auf Papier bringen zu lassen. Von diesen Zeichnungen lässt er später Kupferstiche anfertigen. Die Entwürfe präsentiert er vielen prominenten Zeitgenossen. Er will bei ihnen die Begeisterung für die Idee einer Domvollendung wecken.

Im Jahr 1810 ziehen die Brüder Boisserée mit ihrer eindrucksvollen Sammlung mittelalterlicher Gemälde in die Stadt Heidelberg. Das Haus der beiden wird schnell zum Treffpunkt der Prominenz. Unter den Kunstliebhabern, die die Sammlung der beiden Kölner bewundern, sind die Kronprinzen von Bayern und Preußen, die Brüder Jacob und Wilhelm Grimm, Wilhelm von Humboldt und – Johann Wolfgang von Goethe.

Goethe für sich und seine Pläne zu gewinnen ist Boisserées erklärtes Ziel. Schon am 8. Mai 1810 hat er sechs Zeichnungen der Domkirche an den Dichterfürsten geschickt. Gleichzeitig lädt er ihn nach Köln ein. Er lässt Goethe wissen:

„Die Schwierigkeit und Größe des Unternehmens macht es mir zur Pflicht, das Urtheil des Mannes aufzufordern, dessen Beifall mehr wie jeder andere mich selbst in meinen Arbeiten leiten und ermuntern und auf die äußere Vollendung des Werkes den entschiedensten Einfluss haben muss."

In seinem Brief macht der 25-jährige Boisserée den großen Dichter neugierig: In großer Ausführlichkeit beschreibt er die ihm und seinem Bruder gehörende Kunstsammlung: „Wir haben nicht nur merkwürdige, sondern wenigstens durch den Ausdruck höchst edle und schöne Gemälde, als man gewöhnlich von der altdeutschen Malerei sieht." Boisserée beendet seinen Brief mit einer Einladung an Goethe, im kommenden Jahr nach Köln zu kommen, „um selber zu schauen, was Ihnen weder Wort noch Zeichnung in ganzer Wahrheit schildern kann".

Gespannt wartet Boisserée auf eine Antwort aus Weimar. Nach 14 Tagen kommt sie, die ersehnte Post: Er sei gründlich zu Werke gegangen und der perspektivische Grundriss des Doms

sei „eines der interessantesten Dinge, die mir seit langer Zeit in architektonischer Hinsicht vorgekommen sind." Dann folgt allerdings schnell die Ernüchterung:

„Der perspektivische Aufriß gibt uns den Begriff der Unausführbarkeit eines solchen Unternehmens, und man sieht mit Erstaunen und stiller Betrachtung das Mährchen vom Thurme zu Babel an den Ufern des Rheins verwirklicht. [...] Die Zeichnungen werden immer, wie sie hier liegen, unschätzbar bleiben, wenn es auch

Johann Wolfgang von Goethe, ein großer Bewunderer des Kölner Doms

große Schwierigkeiten haben soll, sie in Kupfer zu stechen und dem großen Publikum mitteilen zu lassen, wozu ich in unserer Zeit kaum eine Möglichkeit sehe", fährt Goethe fort.

Goethe kennt den Dom. Schon einmal, 1774, ist er in Köln gewesen. Sein Eindruck von der unvollendeten Kathedrale ist alles andere als positiv. „Mir war zu viel und zu wenig gegeben, und niemand fand sich, der mir aus dem Labyrinth des Geleisteten und Beabsichtigten, der Tat und des Vorsatzes, des Erbauten und

OBEN RECHTS UND LINKS, UNTEN RECHTS *Joseph Görres trug durch seinen Aufruf im Rheinischen Merkur im November 1814 viel dazu bei, die Idee zur Vollendung der Kathedrale zu verbreiten. Ihm zu Ehren erschien eine Gedenkmedaille.* UNTEN LINKS *Der Druck dieses sogenannten Guckkastenbildes entstand in den 1790er-Jahren.*

Angedeuteten hätte heraushelfen können", notiert er damals.

Aber Boisserée hat das Interesse des großen Goethe geweckt. Anfang Mai 1811 fährt dieser nach Weimar. Zwar sei der Empfang recht steif gewesen, hält Boisserée in seinem Tagebuch fest, aber seinem Bruder Melchior schreibt er am 6. Mai 1811: „Mit dem alten Herren geht es mir vortrefflich, bekam ich auch den ersten Tag nur einen Finger, den anderen hatte ich schon den ganzen Arm." Ausführlich berichtet Sulpiz seinem Bruder über die verschiedenen Begegnungen mit Goethe in diesen Tagen. Und dann zitiert er Goethes Satz, der „große Freuden" bei ihm ausgelöst habe.

„Hören Sie, wir müssen die Sache (mit dem Dom) einmal recht mit Ernst betreiben, ich will morgen um elf Uhr zu ihnen kommen, daß wir einmal allein sprechen können, wir müssen die Zeit nutzen, so lange wir beisammen sind, mündlich und die Zeichnungen zur Hand, versteht man sich erst recht."

Das Eis zwischen dem 61-jährigen Dichter und dem jungen Mann aus Köln ist gebrochen. Es beginnt eine lange und intensive Freundschaft. Doch es sollen noch vier Jahre vergehen, ehe Goethe nach Köln kommt.

Inzwischen gelingt es Boisserée, dem preußischen Kronprinzen Friedrich Wilhelm seine Zeichnungen und Pläne vorzustellen. Im Dezember 1813 sucht er ihn im Hauptquartier der gegen Napoleon kämpfenden Alliierten in Frankfurt/Main auf. Hier lernt er auch den Freiherrn vom Stein kennen.

Der romantikbegeisterte Kronprinz interessiert sich lebhaft für Boisserées Arbeiten. Am 16. Juni 1814 ist der Thonfolger in Köln. Boisserée führt Friedrich Wilhelm durch den Dom. Des Kronprinzen Interesse steigert sich in Begeisterung und „Tatendrang". Seinem Bruder schreibt Boisserée am Tag danach:

„Dieser [der Kronprinz] war gestern hier, und ich begleitete ihn in und auf dem Dom, und durch die ganze Stadt. Du kannst dir nicht denken, welche Freude er hatte [...]. Der Kronprinz wollte nun gleich den Dom ausbauen – als wir oben um das Chor gingen, konnte er sich gar nicht mehr halten, und die übrigen Herren mussten in aller Ruhe gestehen, daß nach so vielen großen Werken, die sie nun in Frankreich, in den Niederlanden und auch in England gesehen, dieses den Thriumph davon trage."

Dieser Besuch markiert einen weiteren und entscheidenden Schritt in Richtung auf das große Ziel. Mit Friedrich Wilhelm ist ein dauerhafter und treuer Unterstützer der Idee gefunden, den Dom zu vollenden. Unmittelbar nach seiner Besichtigung des Doms ordnet der Kronprinz an, den Erhalt des Gemäuers zu sichern.

Der glückliche Umstand der Wiederentdeckung des originalen Aufrisses vom Nordturm des Doms aus dem 13. Jahrhundert im September 1814 auf dem Speicher eines Darmstädter Gasthauses lässt die Freunde der Vollendungsidee jubeln. Jetzt hat man eine Vorstellung, wie

Titelseite des Rheinischen Merkurs vom 20. November 1814; in dem Leitartikel fordert Görres die Vollendung der Kathedrale.

der ursprüngliche Plan die Ausführung der Türme vorsah.

Am 20. November 1814 erscheint in Koblenz der „Rheinische Merkur" mit dem Artikel „Der Dom zu Köln" auf der ersten Seite. Autor ist Joseph Görres, ein guter Bekannter Boisserées. Görres fordert, den unvollendeten Dom nach dem Sieg über Napoleon als deutsches Nationaldenkmal weiterzubauen. Aus den Tagebuchaufzeichnungen Boisserées weiß man, dass die beiden in dieser Zeit intensiven Kontakt haben.

Görres' Aufruf fügt sich nahtlos in die Bemühungen Boisserées ein, Fürsprecher des Domweiterbaus zu finden. Aus unterschiedlichen Motiven haben sich beide der Idee der Domvollendung verschrieben. Bei Boisserée ist es die Liebe zur Kunst und zur Gotik. Als Verfechter der Idee vom Dom als einem Nationaldenkmal will Görres dessen Vollendung. Der Aufruf schlägt Wellen. Jetzt wird das Thema „Domvollendung" in ganz Deutschland diskutiert.

„Minister vom Stein und der berühmte deutsche Schriftsteller, geheime Rath von Goethe, sind gestern angekommen und haben den ganzen Morgen mit Besichtigungen der hiesigen Domkirche verbracht", erfahren die Leser der „Kölnischen Zeitung" am Morgen des 27. Juli 1815. Boisserée wird sich wie im „siebten Himmel" gefühlt haben: Sein Ziel, Goethe an den Rhein zu holen, ist erreicht. Jetzt muss er den einflussreichen Zeitgenossen „nur noch" für sein Vorhaben gewinnen. Boisserée weiß:

GOETHE IM DOM

Goethe hat großen Einfluss, und sein Wort ist von entscheidendem Gewicht.

Der Meister ist in der Tat beeindruckt. In seinem Tagebuch vermerkt er unter dem Datum vom 26. Juli: „Professor Wallraf. Dom von außen. Umher. Dom von innen. Altes köstliches Gemälde [Dombild]. Inwendig Reliquienkasten [der Dreikönigenschrein]."

Goethes positiver Eindruck findet noch im selben Jahr seinen Niederschlag in einem Memorandum, das er über die Kunstschätze am Rhein im Auftrag des Freiherrn vom Stein verfasst. 1816 veröffentlicht Goethe den Text im ersten Band seiner kleinen Reihe „Ueber Kunst und Alterthum in den Rhein und Mass Gegenden". Ausführlich geht er auf das Engagement der Boisserée-Brüder im Hinblick auf die Rettung alter Kunst ein. Er lobt sie überschwänglich für den Einsatz um die Vollendung des Doms. Und dann widmet sich Goethe der entscheidenden Frage: „[...] Eh jedoch der Fremde so mannigfaltige Merkwürdigkeiten mit Ruhe genießen kann, wird er vor allem unwiderstehlich nach dem Dom gezogen. Hat er nun dieses, leider nur beabsichtigten Weltwunders Unvollendung von außen und innen beschaut, so wird er sich von einer schmerzlichen Empfindung belastet fühlen, die sich nur in einiges Behagen auflösen kann, wenn er den Wunsch, ja die Hoffnung nährt, das Gebäude völlig ausgeführt zu sehen. Denn vollendet bringt ein groß gedachtes Meisterwerk erst jene Wirkung hervor, welche der außerordentliche Geist beabsichtigte: Das Ungeheure fasslich zu machen. Bleibt aber ein solches Werk unausgeführt, so hat weder die Einbildungskraft Macht noch der Verstand Gewandtheit genug, das Bild oder den Begriff zu erschaffen."

Mit diesem Gefühl, fährt Goethe fort, kämpften in Köln in dieser Zeit eingeborene Jünglinge, welche glücklicherweise den Mut besessen hätten, eine Vollendung des Doms, nach der ersten Absicht des Meisters, wenigstens in Zeichnungen und Rissen zustande zu bringen.

Dann bringt Goethe die „kühne Frage" ins Spiel, ob nicht jetzt der günstigste Zeitpunkt sei, an den Fortbau eines „unschätzbaren Gebäudes", eines „Wunderwerkes, gegründet auf den höchsten christlich-kirchlichen Bedürfnissen,

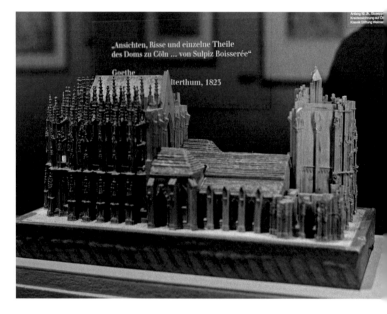

Dom-Modell aus dem Besitz Goethes (Goethehaus, Weimar)

genial und verständig erdacht und durch vollendete Kunst ausgeführet" zu denken. Während er das Fehlen aller „Hülfsmittel in den letzten 20 Jahren" beklagt, regt er die Einrichtung einer Stiftung zur „vollkommenen Erhaltung" des Gebäudes an.

Goethes positives Urteil bringt Bewegung in die Sache: 1817 wird der große Baumeister Karl Friedrich Schinkel nach Köln gesandt, um im Auftrag der Regierung ein Gutachten über den Dom zu erstellen.

Wichtige Schritte auf das große Ziel der Domvollendung sind getan, aber es sind immer noch kleine, ganz kleine Schritte. 1818 wird Professor Ferdinand Wallraf, ein enger Freund und Vertrauter der Boisserées und wie sie, ein Retter der alten Kunst, sein berühmtes Werk „Beiträge zur Geschichte der Stadt Köln und ihrer Umgebung" mit einer Frage enden lassen:

„Wird endlich ein mächtiger Retter sich darstellen, die unselige Lähmung, die das herrliche Denkmal deutscher Kunst in seinem Werden gehemmt, noch zu lösen, und es der Nachwelt zugleich als ein Denkmal wiedererwachter deutscher Kraft in seiner Prachtvollendung überliefern?"

Meint Wallraf mit dem „mächtigen Retter" vielleicht den Kronprinzen Friedrich Wilhelm? Das ist gut möglich, denn der ab dem Jahr 1840 als Friedrich Wilhelm IV. regierende König von Preußen nimmt sich schon als Kronprinz der Domsache mit großer Begeisterung an.

gen. Jetzt kann jeder interessierte Zeitgenosse die gezeichnete Vision des vollendeten Doms staunend mit eigenen Augen betrachten. Unter der Leitung des königlichen Regierungs-Bauinspektors Ahlert nimmt Ende Juli 1824 die neu gegründete Dombauhütte ihre Arbeit auf. „Als die Kölner die alte Steinmetzhütte wiederhergestellt sahen, fühlten sie sich gleichsam vom Schauer kunstreicher Vergangenheit angeweht; die Einbildungskraft zauberte sich jene Reihen der Arbeiter hin, wie sie einst die Vorzeit so em-

Die Domumgebung zu Zeiten von Boisserées Geburt

Mit dem Konkordat zwischen dem Königreich Preußen und dem Heiligen Stuhl im Jahre 1821 wird nicht nur das Erzbistum Köln und das Kölner Metropolitankapitel neu gegründet, der preußische Stadt verpflichtet sich gleichzeitig dazu, die Bauaufsicht über alle bischöflichen Kirchen zu übernehmen. In der Folge werden erste Instandsetzungsarbeiten am Dom aufgenommen.

In diesem Jahr erscheint Boisserées monumentales Domwerk, jene Sammlung von riesigen Kupferstichen, die den Dom in seinem jetzigen Zustand und in der Vollendung zei-

sig beschäftigt gesehen hatte", gibt Jahrzehnte später ein Artikel in den „Kölner Nachrichten" die Gefühlslage vieler Domstädter angesichts des sichtbaren Aufbruchs durch die neue Hütte wieder.

tehen zunächst Sicherungsarbeiten und die Bemühungen, das Dach einigermaßen dicht zu bekommen, im Vordergrund, so widmen sich die Bauleute im Sommer 1826 den kostbaren Fenstern auf der Nordseite des Doms. Es heißt, während der französischen Besatzungszeit habe ein Artillerie-Offizier aus Napoleons Armee Quartier in einem Haus unmittelbar an der Domnordseite gehabt. Bei Feierlichkeiten habe dieser Offizier immer im Garten des Hauses aus einem großen Geschütz feuern las-

„KÖLN SIEHT ES, JUBELT UND HOFFT"

sen. Die dadurch verursachten Erschütterungen hätten große Schäden an den Domfenstern verursacht. Jetzt sichern die Handwerker die kostbaren Scheiben und erneuern die Steineinfassungen der Fenster. „Als diese mühsame Arbeit beendet war, wollten die Steinmetzen der Nachwelt die Freude überliefert wissen, daß jene herrlichen Exemplare aus der Glanzepoche der Malerei nunmehr vollständig wieder gesichert seien."

Als die erste Scheibe so gut wie gesichert ist, und der Schlussstein eingefügt wird, bauen die Männer eine kleine Kapsel, mit einer Pergamenturkunde, mit ein. Es ist der 13. Juli 1826. Dieses Dokument ist sozusagen die erste Beurkundung aus der Zeit des Ausbaus des Doms. Unter anderem heißt es in der Urkunde:

„Köln sah diesen herrlichen Dom verwüsten, seine in kostbarer und seltener Glasmalerei prangenden Fenster dem Einsturz nahe, sah es und trauerte. Nun sieht es durch die Huld seines frommen Königs Friedrich Wilhelm III. und den Bemühungen des hochwürdigen Erzbischofs von Köln, Ferdinand II. von Spiegel [...] dies Gotteshaus erneuern und dem ersten der neu herzustellenden Fenster mich den ersten Schlußstein einsetzen. Köln sieht es, jubelt und hofft."

Zwar hat sich das Königreich Preußen im Konkordat mit dem Papst verpflichtet, die Bauaufsicht über alle bischöflichen Kirchen im Königreich zu übernehmen, und auch der Einfluss des Kronprinzen auf seinen Vater ist groß genug, dass dieser sich großzügig zeigt und viele Tausend Taler für die notwendigsten Instandsetzungsarbeiten an der Kathedrale zur Verfügung

stellt. Aber schon bald wird dem König klar, dass dieses Bauwerk einem Fass ohne Boden gleicht. Am 11. Juni 1825 wird der neue Erzbischof Ferdinand von Spiegel in sein Amt eingeführt. In einem bislang unveröffentlichten Manuskript mit dem Titel „Dombau in Köln" schreibt der berühmte Kölner Historiker und Volkskundler Ernst Weyden (er hat u. a. die Sage von den Heinzelmännchen von Köln in Gedichtform gebracht) in den frühen 1830er-Jahren, der Erzbischof habe nach seiner Amtseinführung nichts Eiligeres zu tun gehabt, als sich „zugunsten der Bauangelegenheit zu verwenden". Zur Unterstützung der Sanierungsarbeiten führt der Erzbischof, nach der Genehmigung durch den König, die sogenannte Kathedralsteuer wieder ein, eine Zwangsabgabe, die bei Taufen, Hochzeiten und Beerdigungen erhoben wird. Anfänglich sind die Einnahmen hoch, doch zunehmend machen die Priester von einer Härteklausel Gebrauch, in besonderen Fällen von dieser Steuer zu befreien. 1830 ordnet König Friedrich Wilhelm III. die Einführung einer Dom-Kollekte in allen Kirchen des Erzbistums Köln an. Freiwillig und großzügig werfen die Menschen ihre Spenden für den Dom ins „Körbchen". Bis heute wird diese Kollekte am dritten Sonntag nach Ostern gehalten. Mit durchschnittlich 130 000 Euro bringt sie dem Dom Jahr für Jahr immer noch einen ordentlichen Geldbetrag ein.

Boisserée ist in diesen Jahren viel unterwegs. Häufig zieht es ihn nach Straßburg. Dort beschäftigt er sich sehr mit dem Münster. Er sieht viele Parallelen zwischen dem Münster in Straßburg und dem Dom in Köln. Intensiv tauscht er sich per Brief mit Schinkel aus. Dieser wird bis zu seinem Lebensende die oberste Zuständigkeit seitens des Königreichs Preußen für den Dom behalten. Schinkel ist es auch, der 1833 nach dem Tod des Bauinspektors Ahlert, der in der Rückschau der Zeitgenossen als „guter Handwerker" galt, der aber ohne die „frühere Leichtigkeit und Zierlichkeit an den einzelnen Construktionstheilen" (Weyden) hat arbeiten lassen, den jungen protestantischen Landbauinspektor Ernst Friedrich Zwirner mit der technischen Leitung des Baus betraut.

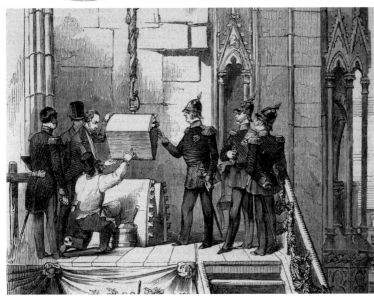

OBEN LINKS *Bei der Grundsteinlegung 1842 trugen Teilnehmer Medaillen wie diese am Revers.* OBEN MITTE *Porzellantasse aus den 1830er-Jahren* RECHTS *Ernst Friedrich Zwirner kümmerte sich seit 1833 um die Arbeiten am Dom.* MITTE *Feierliche Grundsteinlegung zum Weiterbau des Doms am 4. September 1842* UNTEN *Medaillen mit Dommotiven dienten zur Verbreitung der Vollendungsidee.*

Zur Domvollendungsfeier präsentierte sich die Kathedrale mit eingerüsteten Türmen.

Es ist der 14. August 1833, der Tag des Jahres, an dem 1248 Konrad von Hochstaden den Grundstein für den neuen Dom legte, als der aus dem schlesischen Jakobswalde stammende, gerade einmal 31 Jahre alte Zwirner die Vollendung des Domes als Aufgabe übernimmt.

Zwirner kommt bei den Kölnern gut an. Weyden schreibt:

„Er hat in dem, was unter seiner Leitung vollendet wurde, gezeigt, daß es die erste Aufgabe des Meisters, dem dieser Hohe Bau an-

DOMVOLLENDUNG – EIN FROMMER WUNSCH?

vertraut wurde, sein mußte, sich streng an die alten Modelle und Pläne zu halten. Möge der Himmel den rüstigen Architekten noch lange seinem Werke erhalten."

Zwirner, kaum in Köln angekommen, begeistert sich für die Idee, den Wunsch, den Dom zu vollenden. Nüchtern kalkuliert er nach intensiven Überlegungen die Kosten für die Vollendung des Baus mit dem Ausbau der Türme auf 2 Millionen Thaler. Der frühere Dombaumeister Professor Dr. Arnold Wolff hat einmal den Wert eines Thalers im Vergleich zur damaligen DM mit 1 zu 200 angesetzt. Umgerechnet auf den Euro bedeutet dies in etwa ein Verhältnis von 1 zu 100 Euro. Demnach soll die Domvollendung 200 Millionen Euro kosten. Auf die Kölner muss die damalige Kostenschätzung wie ein Schock gewirkt haben.

„Wenn auch die Vollendung des Ganzen ein frommer Wunsch bleiben muß, dessen Verwirklichung eben das, was auch dem Bau in seinem Entstehen heute, der Mangel an Geldmitteln nämlich, entgegentritt, so ist hiermit doch nicht gesagt, daß dies eine Unmöglichkeit ist. Unsere Architekten sind, was die Technik und besonders den Steinschnitt angeht, weiter wie die Alten waren. Selbst die Ausführung der noch so kühnen Gewölbe kann deshalb, wie Boisserée irrig meint, kein hemmendes Hindernis sein. Man betrachte nur, was an dem Dom geschehen ist und wie es geschehen ist, und Keiner wird die Möglichkeit der Ausführbarkeit des großen Gedankens bezweifeln."

Mit diesen Worten endet das Manuskript des Ernst Weyden, der lange Jahre im Vorstand des Zentral-Dombau-Vereins tätig war. Was Weyden noch „als frommen Wunsch" bezeichnet, nimmt Ende der 1830er-Jahre konkrete Formen an. Immer mehr Kölner lassen sich von dem Gedanken anstecken, der Dom müsse vollendet werden. Als 1840 Friedrich Wilhelm IV. König von Preußen wird, jener kunstbegeistere Mann, der schon als junger Kronprinz, inspiriert durch Boisserée, den Dom hat vollenden wollen, scheint das große Vorhaben greifbar nahe. Jetzt tragen die 25 Jahre zuvor geäußerten Gedanken Görres' und Goethes Früchte: Die Begeisterung für eine Vollendung des Doms als patriotische Idee und Symbol der deutschen Einheit wächst in ganz Deutschland. Als der König die Genehmigung zur Gründung eines Dombau-Vereins erteilt, dauert es nicht lange, und überall in Deutschland, selbst in Paris und in Mexiko, werden Dombau-Vereine gegründet, mit dem Ziel, Gelder für die Vollendung der Kathedrale zu sammeln. Das ist der Beginn einer bis heute anhaltenden Erfolgsgeschichte.

Sulpiz Boisserée, inzwischen vom bayrischen König Ludwig I. zum Oberbaurat und zum General-Conservator der plastischen Kunstdenkmale seines Landes ernannt, ist am 4. September 1842 am Ziel seiner Träume. Es ist der Tag, an dem Friedrich Wilhelm IV. den Grundstein zum Weiterbau des Doms legt. Nach Boisserées Worten ist dieser Tag einer der glücklichsten in seinem Leben. Boisserée stirbt am 2. Mai 1854 in Bonn, wo er die letzten Jahre seines Lebens verbringt. Seine letzte Ruhestätte findet er neben seinem Bruder auf dem Alten Bonner Friedhof.

Ist die Tatsache, dass die Brüder Boisserée ihre großartige Kunstsammlung der Alten Pinakothek in München überlassen haben, der Grund dafür, dass es in Köln kein Denkmal gibt, sondern dass lediglich eine der vielen Tausend Straßen den Namen des Mannes trägt, der maßgeblich dazu verholfen hat, dass das Wahrzeichen der Stadt vollendet wurde? Seit einigen Jahren erinnert zumindest im Dom, im südlichen Seitenschiff, eine Gedenktafel an den großen Kölner, der eine Vision hatte, die am Ende zur Realität wurde. Vielleicht besteht im Zusammenhang mit der geplanten „Historischen Mitte" die Möglichkeit, der Erinnerung an diese Persönlichkeit einen würdigen und sichtbaren Ausdruck zu verleihen.

ANZIEHUNGS-PUNKT FÜR ZWIELICHTIGE GESELLEN

02

Pilger auf dem Weg zum Schrein der Heiligen Drei Könige, der sich in dem barocken Mausoleum befindet

Bis zu 20.000 Menschen aus aller Welt besuchen Tag für Tag den Kölner Dom. Sie machen die gotische Kathedrale zum meistbesuchten Gebäude in ganz Deutschland. Viele der Besucher kommen zum Beten. Andere reisen von weit her an, um das weltberühmte Bauwerk zu bestaunen. Zu allen Zeiten gab es freilich auch Menschen, die dem Glanz und den zur Ehre Gottes gefertigten kostbaren Kunstwerken nicht widerstehen konnten und sich daran vergriffen.

DIEBSTAHL AM SCHREIN DER HEILIGEN DREI KÖNIGE

Wahrscheinlich hat es sich an diesem Donnerstag in Windeseile in der Stadt herumgesprochen: Der Kalender zeigt den 19. Oktober 1820. In der Nacht vom 18. auf den 19. Oktober ist im Dom Unerhörtes geschehen: Ein dreister Dieb hat den Dreikönigenschrein bestohlen. Genaues erfährt man am 21. Oktober aus der „Kölnischen Zeitung". Unter der fetten Überschrift „Bekanntmachung" ist eine amtliche Erklärung des Ober-Prokurators beim Königlichen Landgericht, Berghaus, abgedruckt:

„Der schändlichste Kirchenraub, der sich jemals zugetragen haben mag, ist in der vergangenen Nacht in der hiesigen Domkirche verübt worden, indem es den nichtswürdigen Verbrechern gelungen ist, den Reliquien-Kasten der heil. Drei Könige zu spoliieren [berauben], und solchergestalt sich an einem Gegenstand zu ergreifen, der, abgesehen von seiner religiösen Bestimmung, von jedem Kenner als ein seltenes Denkmal des Alterthums und der Kunst bewundert wurde.

Indem ich das Verzeichnis der entwendeten Kostbarkeiten hierneben zur allgemeinen Kenntnis bringe, ersuche ich sämtliche in- und ausländische Behörden, sowie das ganze Publikum im allgemeinen, diesen Gegenständen ihre besondere Aufmerksamkeit zu widmen, und im Entdeckungsfalle den Besitzer sofort anzuzeigen, damit der Thäter entdeckt, und den hiesigen Behörden zur ferneren gerichtlichen Verfolgung vorgeführt werde."

Es folgt eine Auflistung der Dinge, die entwendet wurden. Unter anderem wurde ein „goldener Cherubin, 11 Zoll hoch, mit emaillierten Flügeln" und „eine goldene, 11 Zoll hohe, den Heiland darstellende Figur mit goldenem Grunde, nebst der am Fuße derselben angebrachten goldenen, mit Amatisten besetzten Verzierung entwendet". Verschwunden sind auch „drei vergoldete orientalische Kronen, mit Perlen und Steinen besetzt" sowie „eine goldene Figur, die h. Maria darstellend; sie sitzt auf einem Sessel und hat ihren eingeborenen Sohn auf dem Schooße". Der gleichlautende Text erscheint am darauffolgenden Dienstag, 24. Oktober, auch im „Amtsblatt der königlichen Regierung zu Köln" und findet dadurch Verbreitung in der ganzen Rheinprovinz.

Entdeckt wird der schändliche Raub am frühen Morgen des 19. Oktobers. Dompfarrer Heinrich Filz bereitet sich gerade auf die Frühmesse vor, als der Kaplan Johann Gumpertz mit einer schrecklichen Nachricht aufgeregt in die Sakristei stürzt. Im Protokoll, das der Kirchenvorstand der Dompfarrei – zur damaligen Zeit war der Dom durch die in der Stadt herrschenden Franzosen zu einer Pfarrkirche „degradiert" worden – an diesem Tag über die Ereignisse abfasst, heißt es:

„Heute, den 19. Oktober, morgens viertel vor 7 verfügte sich unser Herr Pastor Filz zum Messe lesen in die Sakristei, trat zu ihm unser Hr. Kaplan Gumpertz, Verwahrer des hl. Drei Königenschatzes, und zeigte dieser jenem ganz verstört und in halbgebrochener Sprache an, daß der drei Königen-Schatz bestohlen seye, mit den Worten ,Ich fürchte, Herr Pastor, wir sind bestohlen'."

Wie vom Blitz getroffen stürmt Filz aus der Sakristei zur Kapelle in der Mitte des Chorumgangs. Dort steht der kostbare Schrein mit den Reliquien der drei Weisen. Das eiserne Schutzgitter ist offen. Glassplitter und umgeworfene Kerzen liegen auf dem Boden. Dem Kaplan gibt Filz die Anweisung, den Chorumgang zu verschließen. Zugleich befiehlt er ihm, nach der Polizei zu schicken. Die Nachricht vom Domraub verbreitet sich wie ein Lauffeuer. Während die „Choralen und Messediener den Chorumgang nach dem Dieb und den gestohlenen Gegenständen durchsuchen", treffen Professor Ferdinand Wallraf und ein Polizeisergant ein. Ferdinand Wallraf, einer der Namensgeber des heutigen Wallraf-Richartz-Museums, ist in der Stadt eine Institution. Als Retter, Förderer und

Sammler der Kunst, gerade in der Zeit der Säkularisation, als viele Kirchen und Klöster aufgehoben und deren Besitztümer verramscht, verschleudert oder vernichtet wurden, hat sich Wallraf einen Namen gemacht. Jetzt steht auch er fassungslos vor dem brutal geschändeten Schrein. Glück im Unglück ist, dass den kostbaren Reliquien nichts geschehen ist.

Anhand der veröffentlichten Liste der entwendeten, also der mit Gewalt vom Schrein abgerissenen Goldschmiedearbeiten und ge-

Dreiviertelstunde erschien". In der Zwischenzeit haben die „Choralen und Messediener" die Suche nach dem Dieb eingestellt. Dieser ist längst über alle Berge. Aber sie haben einige der am Schrein abgebrochenen Schmuckstücke gefunden, die der Täter auf seiner Flucht offenbar verloren hatte.

Was der Goldschmiedemeister Wilhelm Pullack beim Anblick des stark in Mitleidenschaft gezogenen Meisterwerks des Nikolaus von Verdun empfunden hat, ist nicht überlie-

Priester berühren mit Gegenständen, die ihnen die Pilger reichen, die Schädel der drei Weisen.

schnittenen Edelsteine lässt sich das Ausmaß des Schadens gut nachvollziehen. Es heißt, der Schaden habe grob geschätzt rund 1,5 Millionen Taler betragen. Auch wenn sich diese Summe nicht genau in Euro umrechnen lässt, dürfte der Betrag in heutiger Währung ein Mehrfaches der damaligen Summe ausmachen (nur zum Vergleich: Friedrich Schiller hatte ein verbürgtes Jahresgehalt als Geschichtsprofessor von 200 Talern).

Mittlerweile sind am Tatort auch der Ober-Prokurator und andere Mitglieder des Landgerichtes eingetroffen. Kritisch und missbilligend wird im Protokoll die Ankunft des Polizeikommissars vermerkt, der „erst nach einer

fert. Erst wenige Jahre zuvor, 1807, hatte der Meister zusammen mit seinen Söhnen den auf der Flucht vor den französischen Revolutionstruppen beschädigten Schrein unter Wallrafs Leitung wiederhergestellt. Wahrscheinlich wird ihm beim Anblick der Verwüstung damals das Herz genauso geblutet haben, wie dem begnadeten Kölner Domgoldschmied Peter Bolg angesichts der Zerstörungen, die die Diebe beim Domraub 1975 anrichteten.

Akribisch wird eine Bestandsaufnahme der Schäden vorgenommen und im Protokoll vermerkt. Dieses ist zugleich die Grundlage für die unmittelbar darauf veröffentlichte Fahndungsliste der entwendeten Kunstwerke.

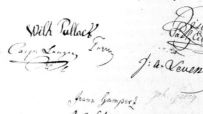

Nachricht und Bitte.

Der HH. Dreikönigen-Kasten in der Domkirche dahier, dessen vorderer Theil in der Nacht vom 18. auf den 19. Oktober 1820 durch Franz Becker aus Dülmen so schändlich beraubt ward, ist nun wieder hergestellt, und — Gott sey Dank! durch Zurückerhaltung der geraubten kostbarsten Gegenstände, durch Gaben frommer Kölner, und durch der Hrn. Pullack, Vaters und Sohnes, Meisterhände so wiederhergestellt, daß derselbe nicht nur keine Spur jener Frevelthat mehr an sich zeigt, sondern auch durch neue an demselben Statt gehabte Vergoldungen und angebrachte reichhaltige Ausschmückungen in fast noch schönerem Glanze wiederprangt.

Mit dieser für fromme Christen und für Freunde der Kunst und des Alterthumes so erfreulichen Nachricht verbindet Unterzeichneter die dringende Bitte, bei dem Feste der HH. drei Könige am nächsten Sonntage den 6. Januar, an welchem der unvergleichlich kostbarere Schatz der Häupter und Gebeine dieser Heiligen, so verehrungswürdigen Fürbitter Kölns, in jenem Prachtkasten zur Verehrung ausgestellt wird, doch jenen, in früheren Zeiten so oft wahrgenommenen, ungestümen Andrang zu jener Kapelle, welche diesen doppelten Schatz aufbewahrt, zu vermeiden, weßhalb dann auch die Anordnung getroffen ist, daß die frommen Verehrer zu derselben nur durch das eiserne Gitterthor neben des h. Christophs Bilde zugelassen, und durch das eiserne Gitterthor neben der großen Sakristie wieder ausgelassen werden.

Zugleich hofft man, jenes ärgerliche Schwätzen und Spazieren und sonstiges unanständiges Benehmen an diesem Tage, wodurch Gott, der in seinen Heiligen geehrt werden soll, beleidigt, und sein Tempel so entsetzlich entehrt wird, nicht mehr wie ehedem bei dieser h. Feier wahrnehmen zu müssen.

Köln, am 4. Januar 1822.

Der Dompfarrer, Filz.

OBEN LINKS *Bis 1899 stand das barocke Mausoleum im Dom, dann wurde es abgebrochen.* UNTEN LINKS *Auszug aus dem Protokoll, das angefertigt wurde, als die Reliquien der Heiligen Drei Könige am 4. Januar 1822 wieder in den wiederhergestellten Schrein eingebracht wurden* RECHTS *In der „Kölnischen Zeitung" veröffentlichte Dompfarrer Filz diese Nachricht über die bevorstehende Wiederaufstellung des Schreins.*

Am Tag nach dem Diebstahl, es ist der 20. Oktober, tagt der Kirchenvorstand. „Pflicht des Kirchenvorstandes der Dompfarrei sey, alle Maßnahmen zu ergreifen, in der Kirche dadurch zugefügte Schaden so viel möglich Ersatz zu halten", vermerken die Herren im Protokoll. Zunächst aber steht die „peinliche Verhörung des Kaplans Gumpertz, Verwahrer des Dreikönigenschreins, und des Offermanns [Küster] Matthias Emans" auf der Tagesordnung. Es hat sich nämlich herausgestellt, dass das Schutzgitter um den Schrein am Abend vor dem Diebstahl nicht verschlossen worden ist. Wer letztlich die Schuld trägt, wird nicht geklärt. Die beiden machen den jeweils anderen für den Fehler verantwortlich.

Während in Köln noch versucht wird, die Schuldfrage zu klären und Maßnahmen diskutiert werden, wie in Zukunft solche, die Stadt erschütternde Ereignisse im Dom verhindert werden können, ist der 25-jährige Franz Becker auf dem Weg von Köln in seine westfälische Heimat Dülmen. Becker hat es sehr eilig. Er will schnell so viel Abstand wie möglich zwischen sich und die Stadt Köln bringen. Erst wenige Tage zuvor aus dem Gefängnis entlassen, hat er sich am 18. Oktober abends im Dom versteckt und dort einschließen lassen. Die Nachlässigkeit des Küsters oder des Kaplans erweist sich für den Dieb als Glücksfall. „Durch Übersteigen des oberen Kirchenabschlusses und Erzwingen des kupfernen Gitters, bei zufälliger und nicht gehöriger Abschließung, war es ihm möglich, dieser sonst so wohl verwahrten Schätze sich zu bemächtigen", wird der Tathergang später rekonstruiert. Die Kleider vollgestopft mit Pretiosen, macht er sich nach der frühmorgendlichen Aufschließung des Doms aus dem Staub. Unbehelligt kann er die Stadt verlassen. Unweit der Stadtmauern sucht er ein sicheres Versteck für seine Beute. Er vergräbt sie, eingewickelt in ein blaues Tuch.

In Dülmen angekommen, begeht Becker zwei weitere Diebstähle. Unter anderem lässt er sich in seiner Taufkirche einschließen, um dann nachts dort nach bewährtem Muster auf Diebestour zu gehen. Sein Pech ist seine Bekanntheit in der Heimat. Er wird gesehen, erkannt, von Polizei und Gendarmerie verfolgt. In der Nacht vom 27. auf den 28. Oktober wird Becker in Münster „aufgehoben", verhört und nach einem umfassenden Geständnis nach Köln überführt. Als Militärangehöriger landet er vor einem Militärgericht. Durch das Amtsblatt der

Königlichen Regierung zu Köln vom 21. August 1821 erfährt die Öffentlichkeit vom Schicksal des Domdiebes. Mit Datum vom 12. August bringt der Königliche Ober-Prokurator Berghaus „zur allgemeinen Kenntnis, daß der Franz Becker aus Dülmen durch das hierselbst ergangene, mittels Allerhöchster Kabinetts-Ordre vom 25. Juli c. bestätigte kriegsrechtliche Erkenntniß, wegen wiederholter Entweichung, so wie wegen der in der Nacht vom 18. auf den 19. Oktober a.p. im hiesigen Dome, und

Silbermedaillon von 1739 mit dem Dreikönigenmausoleum

späterhin in der Dechanei zu Dülmen verübten Diebstähle, aus dem Soldatenstande ausgestoßen, zur Erwerbung des Grundeigenthums oder Bürgerrechts für unfähig erklärt, mit einhundert Hieben in vier Tagen und zehnjähriger Baugefangenschaft bestraft worden ist, und demnächst nicht in Freiheit gesetzt werden soll, bis er einen ehrlichen Erwerb nachgewiesen hat."

Vier Tage nach Beckers Verhaftung werden am 31. Oktober in Gegenwart städtischer und kirchlicher Prominenz in einer feierlichen Zeremonie die Häupter der Heiligen Drei Könige aus dem beschädigten Schrein genommen, um sie während der Restaurierungszeit in einer versiegelten Holzkiste aufzubewahren. Mehr als vier Monate arbeiten Meister Pullack und sein Sohn an der Wiederherstellung.

Am 4. Januar 1822 ist es endlich soweit. Rechtzeitig vor dem Dreikönigsfest sollen die

Reliquien wieder in den Schrein kommen. Auskunft über die feierliche Wiedereinsetzung gibt eine im Historischen Archiv des Erzbistums erhalten gebliebene Urkunde von diesem Tag. Der Kirchenvorstand der Dompfarrei, Vertreter des Rates und der Justiz sowie andere bedeutende Persönlichkeiten aus der Stadt sind zugegen, als der Apostolische Protonotar Johann Arnold Glessen, Pfarrer an St. Andreas in Köln, mit Dompfarrer Filz die „Köpfe der drei Könige, von denen einer beschädigt ist, in einer würdi-

Momentaufnahme während der Domwallfahrt: der Schrein inmitten eines Kerzenmeeres.

gen kirchlichen Feier" im Schrein „beisetzten".

Von nun an wird, laut Beschluss des Kirchenvorstandes, unter Androhung einer empfindlichen Geldstrafe „bei Zeigung des Kastens immer ein Priester im Priesterkleid danebenstehen". Dieser Priester habe auch, so die Vorschrift weiter, für eine besondere Beleuchtung zu sorgen. Außerdem solle der Schlüssel des eisernen Gitters jetzt in fester Verwahrung bleiben und nicht mehr, wie bis dato üblich, am „Sakramentshäuschen aufgehangen werden".

Franz Becker hat für seinen Diebstahl teuer bezahlen müssen. 100 Schläge und zehn Jahre Baugefangenschaft waren im 19. Jahrhundert kein Vergnügen. Mit seiner Bestrafung teilt Becker das Schicksal der meisten Verbrecher, die sich am Dom und dessen Schätzen vergangen haben. Fast alle wurden früher oder später gefasst, verurteilt oder intern in der Unterwelt fürs Handanlegen an den Dom zur Rechenschaft gezogen. Fragt sich nur, was für die Täter schmerzhafter war. Nur einer hat „Glück" gehabt und ist mit seiner Beute entkommen. Jener Täter, der am 28. Januar 1574 den Schrein beklaute und bis heute nicht ermittelt werden konnte.

Unbeschreiblich ist die Spannung in der Bibliothek der Domschatzkammer an diesem Mittwochmorgen im Juli 2014. Wie gebannt starren die Anwesenden auf den mehrfach verschlossenen Aluminiumkoffer in einer gesicherten und klimatisierten Vitrine. Die Nacht hat der Koffer bei konstant 21 Grad Celsius und 60 Prozent Luftfeuchtigkeit verbracht. Der kostbare Inhalt soll sich langsam an die klimatischen Bedingungen in dem Raum gewöhnen. Im Innern des mit Schaumstoff ausgefüllten

VON EINEM GESTOHLENEN EDELSTEIN, DER 2014 KURZZEITIG ZURÜCKKEHRT

Behälters befindet sich, verpackt in rutschfeste Kartons aus dicker Pappe, eine der größten Kostbarkeiten der Antikensammlung des Kunsthistorischen Museums in Wien. Begleitet von zwei weiteren Personen hat der Direktor der Antikensammlung, Dr. Georg Plattner, den Transport des wertvollen Stückes aus der österreichischen Hauptstadt an der Donau nach Köln übernommen. Als Plattner den Karton aus dem Alukoffer herausholt, ihn auf einen Tisch stellt, den Deckel hebt und behutsam das Seidenpapier entfernt, recken alle Anwesenden die Köpfe vor, um den historischen Moment nicht zu verpassen: die Rückkehr des Ptolemäer-Kameos an den Ort seiner ursprünglichen Bestimmung. Nach mehr als 440 Jahren ist einer der berühmtesten geschnittenen Edelsteine der Welt, 11,5 cm hoch und 11,3 cm breit, wieder „daheim", wieder im Dom.

Bis zum frühen Morgen des 28. Januars 1574 ziert der Edelstein aus der Antike mit den Abbildern des ägyptischen Königs Ptolemaios II. (283–246 v. Chr) und dessen Schwester und Gattin Arsinoe II. an herausgehobener Stelle die Frontseite des Dreikönigenschreins. Das änderte sich an diesem Donnerstagmorgen zwischen 5 und 6 Uhr gewaltsam.

Noch halten sich nur wenige Beter zu dieser frühen Morgenstunde in der eiskalten Kirche auf. Der Schrein in der Achskapelle ist

OBEN LINKS *Antiker Kameo am Dreikönigenschrein* OBEN RECHTS *Frühe Fotografie des Dreikönigenmausoleums*
UNTEN *Dr. Georg Plattner aus Wien präsentiert Dr. Leonie Becks, Leiterin der Domschatzkammer (links), und den*
Domgoldschmieden Lothar Schmitt und Cordula Baumsteiger den Ptolemäer-Kameo.

nicht bewacht. Undenkbar, dass sich jemand an einem der größten Schätze der Christenheit vergreift, so hat man vielleicht damals gedacht. Doch genau das tut ein Dieb: Unter den Augen der Gläubigen nutzt er einen unbeobachteten Augenblick, stürmt auf den Schrein zu und reißt zahlreiche Edelsteine von der Frontseite ab. Es sind „gar viele schöne Kleinodien, die auf einem Brett vor den hh. Drei Königen im Dom hingen, gestohlen worden; sie sollen viele tausend Gulden wert gewesen sein. Darunter war ein Onyx, ein Stein mit einem Angesicht, größer als eine flache Hand, überaus köstlich; Perlen, so groß wie Kirschen, und viele andere Kleinodien von edlem Gestein, und Ringen von vielen Königen und Fürsten, von alten Zeiten dahingeschenkt", heißt es in einer zeitgenössischen Aufzeichnung des Kölner Ratsherrn Hermann von Weinsberg.

Unmittelbar nach Bekanntwerden des Verbrechens werden die Stadttore auf Befehl des Rates der Stadt für zehn bis zwölf Tage geschlossen. Jeder, der Köln verlassen will, wird kontrolliert. Auch die Auslobung einer Belohnung von 300 Talern führt zu keinem Erfolg. Schließlich werden sogar Wahrsager befragt. Vergeblich. Sowohl der Dieb als auch seine Beute bleiben verschwunden. Zwar werden mehrere verdächtige Personen verhaftet, doch eine Beteiligung an dem Verbrechen ist ihnen nicht nachzuweisen. Nach kurzer Zeit werden sie wieder auf freien Fuß gesetzt.

Sicherlich hat zwölf Jahre später in Köln niemand davon Notiz genommen, dass der berühmte Ptolemäer-Kameo in Rom einem Kardinal zu einem astronomischen Preis zum Kauf angeboten wird. Der Gottesmann lehnt ab, nicht wegen der ungeklärten Herkunft des angebotenen Stückes. Der Edelstein ist ihm schlichtweg zu teuer. Dafür greift ein Jahr später der Herzog von Mantua zu und kauft das Schmuckstück aus der Antike. Als Mantua 1630 von kaiserlichen Truppen erobert und geplündert wird, kommt der Stein in den Besitz der österreichischen Kaiserin. Er wird zu einem der herausragenden Objekte der kaiserlichen Sammlung.

Es ist dem Kölner Dominikaner und Universalgelehrten Albertus Magnus zu verdanken, dass der Ptolomäer-Kameo überhaupt als Teil des Dreikönigenschreins identifiziert werden kann. In seinem zwischen 1248 und 1252

geschriebenen Buch über die Mineralien liefert der große Gelehrte eine exakte Beschreibung des Kameos. Diese Beschreibung und eine Skizze aus dem Jahr 1664 bringen 1952 den Direktor des Rheinischen Landesmuseums in Bonn, Eduard Neuffer, und Joseph Hoster, Kustos der Domschatzkammer, auf die Spur des Raubgutes. Ohne jeden Zweifel identifizieren sie den Kameo in der Wiener Antikensammlung als den Edelstein, der am Morgen des 28. Januars 1574 im Dom zu Köln entwendet wurde.

Bis 1999 durfte der Kameo Österreich nicht verlassen. Dass Dr. Plattner an diesem Morgen im Sommer 2014 tatsächlich mit dem „Raubgut" zurück nach Köln gekommen ist und den Kameo für einige Wochen zur Hauptattraktion einer Ausstellung anlässlich des 850. Jahrestages der Übertragung der Reliquien der Heiligen Drei Könige nach Köln werden lässt, ist das Ergebnis langer und intensiver Verhandlungen. Nicht wenige Menschen stellten sich in diesem Zusammenhang die Frage, welche Zeitspanne vergehen muss, damit ein Diebstahl legalisiert werde. Im Falle des Ptolemäer-Kameos scheinen mehr als 400 Jahre ausreichend zu sein. Der damalige Dompropst Dr. Norbert Feldhoff brachte diese Stimmung in der ihm eigenen Art auf halb scherzhaft, halb ernst gemeinte Weise zum Ausdruck, als er sagte: „Wenn ich Leiter der Antikensammlung des Kunsthistorischen Museums in Wien wäre, hätte ich den Ptolemäer-Kameo nicht ausgeliehen, schon gar nicht nach Köln." Aber jetzt, da das einzigartige Stück, das im 3. Jahrhundert v. Chr. von einem wahren Meister aus einem zehnschichtigen indischen Sardonyx geschnittenen wurde, in Köln sei, garantiere er dafür, dass der Kameo zum vereinbarten Zeitpunkt wieder nach Wien zurückkehren werde, so Feldhoff im Juli 2014. Der Dompropst hat Wort gehalten. Um den schönsten und größten Edelstein vom Dreikönigenschrein zu bewundern, muss man jetzt wieder in die österreichische Hauptstadt reisen.

Der Edelstein zeigt König Ptolemaios II. zusammen mit seiner Schwester Arsinoe II.

Im Jahr 1820 waren es Wilhelm Pullack und sein Sohn, welche die von Franz Becker am Schrein angerichteten Schäden in mühevoller und langer Arbeit beseitigten und das mittelalterliche Meisterwerk wieder in den alten Glanz versetzten. 155 Jahre später ist es der begnadete Domgold- und Silberschmied Peter Bolg, der nach einem abscheulichen Verbrechen sein ganzes Können unter Beweis stellen muss, um die Schäden, die drei Männer bei einem Einbruch in die Domschatzkammer anrichten, wieder zu beseitigen.

DAS VERBRECHEN AM ALLERSEELENTAG

In der Nacht vom 1. auf den 2. November 1975 setzen drei Männer ein generalstabmäßig geplantes Unternehmen in die Tat um, das Lubomir E. ausgeheckt hat. Ziel der verbrecherischen Tat ist diesmal nicht der Schrein, sondern die Domschatzkammer, die sich zu der Zeit noch in der Hubertuskapelle des Doms befindet. Viele Jahre lebte Bruder Angelicus Mayer im Dom in einer kleinen Klause. Ihm entging nichts, was im Dom abends und nachts passierte. Jetzt ist die Klause verwaist. Vor wenigen Wochen ist der Ordensmann verstorben. Nach seinem Tod entsteht eine Sicherheitslücke in der Kathedrale.

Der Haupttäter Lubomir E. hat in einem ungesicherten Ventilationsschacht hoch oben in der Schatzkammer eine weitere Sicherheitslücke entdeckt. Über einen längeren Zeitraum baldowert er eine Möglichkeit aus, wie von außen dieser Schacht erreicht werden kann. Als er den Weg gefunden hat, sucht er sich Komplizen, von denen einer schmal genug sein muss, um sich durch den schmalen Schacht zu zwängen und sich in der verschlossenen und an den Türen alarmgesicherten Kammer mit einer Strickleiter abzuseilen. Der Plan gelingt. Unbemerkt von der Nachtwache im Dom dringt einer der Täter in die Schatzkammer mit den von Lubomir E. begehrten Kunstschätzen ein. Doch den dreien geht es nicht um die Kunst. Sie sind an Gold und Juwelen interessiert. Aus Sicht der Täter scheint alles zu funktionieren. Dann lässt der sich in der Schatzkammer befindliche Dieb Borislaw T. aus Versehen eine Monstranz zu

Boden fallen, die mit lautem Klirren zerbricht. Dieses Geräusch macht die Nachtwache aufmerksam. Aber diese hat keinen Schlüssel zur Schatzkammer. Anstatt sofort die Polizei zu rufen, informieren die beiden Wächter zuerst den Küster, der nach mehr als 20 Minuten mit dem Schlüssel kommt. Es bleibt also genügend Zeit für die Verbrecher, sich mit der Beute aus dem Staub zu machen. Das Bild, das sich dem Küster und der Nachtwache beim Betreten der Schatzkammer bietet, ist entsetzlich: die Vit-

Der begnadete Domgoldschmied Peter Bolg stellte die Prunkmonstranz anhand von Fotos wieder her.

rinen zerstört, die liturgischen Geräte zerbrochen oder geraubt.

Trotz eines Großeinsatzes der Polizei gibt es von den Tätern keine Spur. Die Fotos, die am Morgen danach im Anschluss an die Allerseelenmesse am Tatort entstehen, zeigen einen zutiefst betroffenen Kölner Erzbischof Joseph Höffner. Seinem damaligen Geheimsekretär, dem heutigen Weihbischof Manfred Melzer, ist das Entsetzen ins Gesicht geschrieben angesichts dessen, was Pater Dr. Walter Schulten, der Kustos der Schatzkammer, als erste Schadensbilanz verkündet. Wenig später wird in den Medien von einem Schaden in Höhe von mehreren Millionen DM die Rede sein. Wie Schulten damals bilanziert, seien die Schäden nur vergleichbar mit denen, die französische Revolutionstruppen nach 1794 im Dom anrichteten. 50 000 DM Belohnung setzt das Erzbistum zusammen mit der betroffenen Versicherung für

Kirchenzeitung für das Erzbistum Köln

45/75
7. November

Aufruf an die Täter

Der Generalvikar des Erzbistums Köln, Norbert Feldhoff, hat die bisher noch unbekannten Täter, die in der Nacht zum Sonntag, 2. November, Kunstgegenstände von unermeßlichem Wert aus der Schatzkammer des Kölner Doms gestohlen haben, eindringlich aufgefordert, ihr Diebesgut unbeschädigt an das Erzbistum zurückzugeben.

Im „Mittagsmagazin" des Westdeutschen Rundfunks (WDR) versicherte Feldhoff am Montag, 3. November, falls die Täter sich in irgendeiner Form beim Generalvikariat in Köln meldeten und die geraubten Kunstgegenstände zurückgäben, werde das Generalvikariat ihnen helfen, „daß die Sache in Ordnung gebracht wird". Vor allem forderte Feldhoff die Täter auf, die geraubten Kunstgegenstände nicht zu beschädigen oder zu zerstören. Der Generalvikar wies darauf hin, daß die entwendeten sakralen Gegenstände, die allesamt keine „Museumsstücke" seien, sondern im Gebrauch befindlich seien, nur als unbeschädigte Kunstwerke einen hohen Wert besäßen. Dagegen seien einzelne Edelsteine, Kreuze oder sonstige Verzierungen, die etwa von den Kunstgegenständen abgebrochen würden, für sich allein wegen ihrer geringen Qualität oder ihres veralteten Schliffs nur von geringem Wert oder gar „wertlos". Andererseits seien die unversehrten Kunstgegenstände für die Diebe kaum „absetzbar".

Ausdrücklich betonte der Generalvikar, daß es dem Erzbistum in keiner Weise um die strafrechtliche Seite des Einbruchsdiebstahls gehe, sondern ausschließlich um die Wiederbeschaffung der entwendeten Kunstgegenstände. Allein diesem Zweck dienten auch die 50 000 DM, die das Erzbistum zusammen mit der zuständigen Versicherung für die Wiederbeschaffung des Diebesgutes ausgesetzt habe. Als nicht richtig bezeichnete Feldhoff Meldungen, nach denen eine entwendete Monstranz aus dem 17. Jahrhundert einen höheren Kunstwert habe als der Kölner Dreikönigsschrein. Dem Appell des Generalvikars schloß sich am selben Tage in Köln das gesamte Metropolitankapitel in einer vom Erzbischöflichen Presseamt veröffentlichten Stellungnahme an.

Raub im Dom: Zur Fahndung nach den Tätern war bei Redaktionsschluß von der Polizei nichts Neues zu erfahren. Die Suchaktion wurde verstärkt. Die Polizei geht derzeit etwa 80 Hinweisen aus der Bevölkerung nach. Lesen Sie zum Raub im Dom unsere doppelseitige Bildreportage auf den Seiten 16/17 dieser Ausgabe der K.

Foto: Hans-Peter Orth

OBEN UND UNTEN LINKS *Am Tag nach dem Einbruch in die Schatzkammer wurde das Vorgehen der Einbrecher rekonstruiert.*
OBEN RECHTS *Peter Bolg und Pater Walter Schulten, damals Domcustos, bei der Präsentation des Modells der Prunkmonstranz*
UNTEN RECHTS *Titelseite der Kirchenzeitung nach dem Einbruch in die Domschatzkammer*

die Wiederbeschaffung des Diebesgutes, darunter die sogenannte Prunkmonstranz, aus. In einem Radiointerview am 3. November macht Norbert Feldhoff, zu diesem Zeitpunkt Generalvikar des Erzbischofs von Köln, deutlich, dass „das Generalvikariat den Tätern helfen werde, die Sache in Ordnung zu bringen", wenn die geraubten Kunstgegenstände unbeschädigt zurückgegeben werden.

Diese Hoffnung erfüllt sich nicht. Die Täter reißen die Edelsteine ab und schmelzen die

Dompropst Bernard Henrichs machte mit „Schäfers Nas" einen „Handel": Kreuz gegen Fürbitte.

silbernen und goldenen Gerätschaften ein. Lange Freude haben sie an ihrer Beute nicht. Unter der Leitung der Kölner Oberstaatsanwältin Maria Mösch, die in Kölner Unterweltskreisen gerne als „Bloody Mary" tituliert wird, gelingt es der eingesetzten Sonderkommission zusammen mit Interpol auf listige Art und Weise über einen V-Mann Kontakt zu den ins Ausland geflüchteten Tätern aufzubauen. Schließlich werden die Täter verhaftet und nach Deutschland überführt. Alle drei Diebe bekommen mehrjährige Haftstrafen.

Für Domgoldschmied Peter Bolg beginnt in den folgenden Monaten eine detektivische Arbeit: Er will die verlorene Prunkmonstranz wiederherstellen. Am Ende wird er acht Jahre benötigen, um anhand von Fotos dieses einzigartige liturgische Gerät neu im alten Glanz erstehen zu lassen.

Von geringerem materiellem Wert ist das Vortragekreuz, das am 8. Februar 1995 von einem Gelegenheitsdieb aus der Domschatzkammer mitgenommen wird. Wegen des großen Besucherandrangs zu diesem Zeitpunkt hilft der zweite Mitarbeiter der Schatzkammer beim Einlass aus. Diesen Moment nutzt der Dieb. Er schraubt das 1880 von Gabriel Hermeling geschaffene Kreuz von der Tragestange ab und schafft es unbemerkt an der Aufsicht vorbei nach draußen. Wegen des hohen ideellen

MIT UNTERSTÜTZUNG DER UNTERWELT

Wertes setzt das Domkapitel mit Dompropst Bernard Henrichs an der Spitze eine Belohnung von 3000 DM für die Wiederbeschaffung aus.

In die Annalen des Kölner Doms ist dieser an sich nicht besonders spektakuläre Diebstahl deswegen eingegangen, weil die Geschichte der Rückgabe des Kreuzes spannend ist.

Während die Polizei noch nach dem oder den Dieben sucht, trägt ein Messdiener am Sonntag beim Kapitelsamt um 10 Uhr das wenige Tage zuvor gestohlene Kreuz der Prozession beim Einzug voran. Großes Erstaunen auch als Dompropst Henrichs die Kanzel besteigt und anstelle einer Predigt die „Geschichte vom verlorenen und wiedergefundenen Kreuz" erzählt. „Ein Herr" habe ihm das Kreuz zurückgebracht, berichtet der Propst. Er habe den Herrn Schäfer vorher nicht gekannt, „aber er muss wohl in bestimmten Kreisen eine bedeutende Stellung haben", sagt Henrichs zu den Menschen im Dom, von denen sich viele ein Schmunzeln nicht verkneifen können. Zur damaligen Zeit weiß in Köln fast jeder, wer sich hinter Heinz Schäfer verbirgt. Der als „Schäfers Nas'" bekannte Ur-Kölner ist in der Domstadt als Unterweltgröße „alter Schule" bekannt. Schäfer habe sich sehr darüber aufgeregt, dass der Dom bestohlen worden sei, berichtet später ein Journalist, der die Nas' am Tag des Bekanntwerdens des Diebstahls getroffen haben will. Schäfer habe gesagt, er wolle sich in den einschlägigen Kreisen einmal umhören ... Nicht lange und Schäfers Nas' ist klar, wen er nach dem gestohlenen Kreuz aus dem Dom fragen muss.

Am späten Vormittag des 10. Februar erscheint ein großer Mann mit ausgeprägtem

Riechorgan im Erzbischöflichen Generalvikariat. In einer Hand trägt er eine Sporttasche. Er müsse jetzt und sofort den Dompropst sprechen, lässt er jeden wissen, der ihn fragt. Henrichs wird aus einer Sitzung geholt. Die Nas' stellt sich vor und hält dem verdutzten Henrichs die jetzt geöffnete Tasche mit dem gestohlenen Kreuz hin und sagt: „Den Dom beklaut man nicht." Der Dompropst ist überrascht und erfreut zugleich. Er will seinem Gegenüber die ausgelobte Belohnung übergeben, doch Schä-

Bis Anfang Juni 2016 befand sich in dem Reliquiar eine Blutreliquie des heiligen Papstes Johannes Paul II. Dann wurde die Reliquie gestohlen.

fers Nas' lehnt ab. „Ich will vom Dom kein Geld", zitiert Henrichs später den Kölner Unterweltkönig. Vor dem großen Fresko von Peter Hecker mit dem Titel „Misereor", zu Deutsch „sich erbarmen", erfolgt die Übergabe des Kreuzes. Henrichs verspricht anstelle der ausgeschlagenen Belohnung am nächsten Sonntag für den Überbringer zu beten. „Darüber war der Herr Schäfer dann doch sehr erfreut", erinnert sich der Dompropst noch Jahre später schmunzelnd.

Anfang Juni 2016 kommt der Dom erneut bundesweit in die Schlagzeilen und in die Nachrichtensendungen. Bislang unbekannte Diebe haben im Nordquerhaus aus dem silbernen Reliquiar, das den heiligen Johannes Paul II. darstellt, eine Blutreliquie des polnischen Papstes gestohlen. Obwohl sich der Zeitraum des Diebstahls relativ genau eingrenzen lässt, das Domkapitel eine Belohnung aussetzt und aus der Bevölkerung zusätzliche Belohnungen ausgelobt werden, hat die Polizei kei-

DIE GESTOHLENE RELIQUIE

ne Spur von den Tätern und dem Stofffetzen mit dem Blutstropfen des heiligen Papstes. Als ständige Mahnung an den oder die Täter soll das beschädigte und ausgeraubte Reliquiar an seinem Platz verbleiben bis die gestohlene Reliquie wieder da ist. Es ist das erste Mal in der Geschichte der Kathedrale, dass sich Diebe an einer Reliquie vergreifen, die einen unermesslich hohen ideellen Wert hat.

Dieses Kreuz wurde am 8. Februar 1995 aus der Domschatzkammer entwendet.

EINMAL AMERIKA UND ZURÜCK

03

Erzbischof Konrad von Hochstaden mit einem Plan des Doms

„Hurra, 3, 2, 1, meins!" Die Auktion auf einer weltweit operierenden Internetauktionsplattform ist gewonnen. Eine Privatsammlung wächst weiter. „Erinnerung an einen Besuch im Dom zu Köln" lautete die Überschrift in englischer Sprache über dem Artikel, der in den USA angeboten wurde. Von drei Steinen, einem Mosaik und einer jungen Frau mit Namen Isabell ist die Rede. Das Interesse war geweckt. Gut eine Woche dauert es nach der Bezahlung, ehe der Postbote das kleine Päckchen aus einer

Mosaiks zu legen. Hat möglicherweise Isabell dem Mann so fasziniert und interessiert bei der Arbeit zugeschaut, dass dieser auf die Amerikanerin aufmerksam geworden ist? Der Mann, so liest man auf dem Zettel weiter, habe diese drei Steine aus dem Mosaik herausgenommen und dann dafür drei andere an die entsprechenden Stellen gelegt.

Wer Isabell war, woher sie kam und warum sie den Dom besuchte, wird man wohl nie mehr erfahren. Mehr als diese, vor fast 120 Jahren

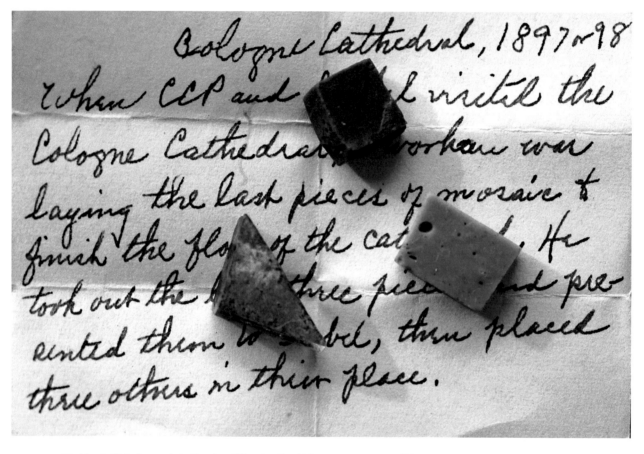

Drei bunte Steinchen und ein Zettel erzählen eine Geschichte aus vergangener Zeit.

kleinen Stadt nicht weit entfernt von New York abliefert. Jetzt liegt das Schmuckkästchen auf dem Tisch: Drei kleine Steinchen, zwei rechteckige in Blau und Grün sowie ein goldenes in Dreiecksform. Im Kästchen zudem ein zusammengefalteter Zettel. Alles in Watte gebettet, gut verpackt in einem Karton. Vorsichtig wird der kleine Zettel aufgefaltet: „Cologne Cathedral, 1897–98" lautet die Überschrift. Der vor mehr als 100 Jahren von alter Hand geschriebene Text erklärt: Diese drei Steine habe Isabell bei einem Besuch im Kölner Dom von einem Arbeiter geschenkt bekommen, der gerade dabei war, die letzten Steinchen eines großen

auf einem kleinen Stück Papier festgehaltene Momentaufnahme aus dem Leben einer Dom-Besucherin aus den Vereinigten Staaten von Amerika, lässt sich nicht in Erfahrung bringen.

Vielleicht handelt es sich bei dem Mann, der Isabel die drei Mosaiksteine schenkte, um den Künstler Fritz Geiges, dem die Amerikanerin vielleicht nicht unsympathisch war und der auf diese Weise einen bleibenden Eindruck bei ihr hinterlassen hat.

Seit 1892 hat der aus Freiburg stammende „Monumental- und Glasmaler" großen Anteil an der Vollendung des größten Kunstwerkes im Dom: Auf mehr als 1300 Quadratmetern sind

OBEN RECHTS *Fritz Geiges, der für die Legung des Mosaik verantwortlich war, hat sich selbst porträtiert.* OBEN LINKS *Weibliche Personifikationen stehen für die Hauptkirchen der Christenheit.* UNTEN LINKS *Symbol für die staatliche Fürsorge: Ein Ritter hält den Schild über den Dom.* DANEBEN MITTE *Die „Geschichte des Erzbistums Köln" beginnt mit Bischof Hildebold.* DARUNTER *Detail*

BILD OBEN *Aus vielen tausend kleinen Steinchen sind die Mosaike zusammengesetzt.* MITTE LINKS *Täglich tausend-fach mit Füßen getreten – das Mosaik im Dom* DANEBEN *Er legte den Grundstein zum Bau des Doms: Erzbischof Kon-rad von Hochstaden.* UNTEN LINKS *Erzbischof Konrad hält den Grundriss in der Hand.*

nach den Entwürfen des ersten Direktors des Germanischen Nationalmuseums in Nürnberg, August von Essenwein, Mosaiken im Chorumgang und im Binnenchor vorgesehen. Geplant sind in 86 Feldern Darstellungen des Kosmos, die Einwirkungen auf das menschliche Leben (Zeit, Schicksal, Tag, Nacht und vieles mehr), die räumlich-weltliche Ordnung der christlichen Welt, die geistlich-ständische Ordnung der christlichen Welt sowie Szenen aus der Geschichte des Erzbistums. Bis zu seinem Tod im Jahre 1892 leitet Essenwein die umfangreichen Arbeiten persönlich.

Als Isabell im Dom weilt, laufen die Arbeiten am Dommosaik schon seit einigen Jahren. 1872 war ein Künstlerwettbewerb zur Gestaltung der Inneneinrichtung des Doms ausgeschrieben worden. Die Entscheidung sollte sich bis zur offiziellen Setzung des Schlusssteins am 15. Oktober 1880 in Gegenwart des Kaiserpaares hinziehen. Essenwein, ein Experte für mittelalterliche Kunst, gehört der Jury an. Überzeugen können die eingereichten Entwürfe allesamt nicht. Deswegen bekommt schließlich Essenwein den Auftrag, einen Entwurf für eine Bodengestaltung des Chorumgangs, des Binnenchores und der Vierung zu entwerfen. Durch eine aufwändige Gestaltung sollen sich die erwähnten Bereiche vom übrigen, mit Sandsteinen geplatteten Teil des Gotteshauses deutlich abheben.

Der ursprüngliche Plan sieht vor, einen Marmorfußboden mit eingearbeiteten Bildfeldern verlegen zu lassen. Doch schon bald nimmt Essenwein von diesem Plan Abstand. Die Verschleißprüfungen bei diesem Material fallen zu negativ aus. Stattdessen entscheidet er sich für einen Mosaikfußboden. Mit dieser aufwändigen Arbeit wird die Mettlacher Firma Villeroy und Boch betraut. Mit Millionen von kleinen Steinen werden zwischen 1890 und 1899 wunderschöne Kunstwerke geschaffen.

Auch die zeitgenössische Presse ist von dem Essenwein'schen Plan angetan. Ausdrücklich begrüßt das Kölner Tageblatt in seiner Ausgabe vom 27. Juni 1891 die inhaltliche Konzeption und die handwerkliche Ausführung der Arbeiten. „An der Nordseite des Chorumgangs im Dome sind zwei Felder des Mosaik-Fußbodens nahezu vollendet. Hier sind in Medaillon-Form Erinnerungen an die Kölner Erzbischöfe, Wappenschilder mit Mitra und Stab, recht kunstvoll angebracht." Es folgt eine Aufzählung der geplanten Motive mit einer kurzen Vita zu dem

jeweiligen Bischof. Am Schluss zieht der unbekannte Autor das Fazit: „Es war eine glückliche Idee, die Reihenfolge der kölnischen Kirchenfürsten durch diese Mosaiken darzustellen und in der Erinnerung zu entfalten. Möge die Fortsetzung dem Wanderer durch den Chor-Umgang bald in gleich vorzüglicher Ausführung geboten werden", schwärmt der Autor.

Obwohl das Mosaik das größte Kunstwerk der Kathedrale ist, findet es leider nicht die ihm gebührende Aufmerksamkeit. Der Blick der

Auch die diversen Päpste haben ihren Platz in dem Mosaik gefunden.

Besucher, die in den Dom kommen, geht automatisch nach oben, dem Himmel entgegen. So ist es kaum verwunderlich, dass angesichts der Fenster und anderer Kunstwerke, die sich über Augenhöhe befinden, die Kunst am Boden zwar mit den Füßen getreten, ansonsten aber gerne übersehen wird. Weiterhin verhindert die Größe des Kunstwerkes, dass der Betrachter Zusammenhänge entdeckt und erkennt.

Nicht jeder hat das Glück wie Isabell, die vor mehr als 100 Jahren jemanden trifft, der ihr die Zusammenhänge erklärt und der sie mit drei Steinchen beschenkt, die nach einer kleinen Weltreise wieder dahin zurückgekehrt sind, wohin sie gehören: nach Köln.

MERKWÜRDIGE SITTEN UND UNGEWÖHN- LICHE BRÄUCHE

04

Die Figur in der Schwalbennestorgel hat nicht zufällig Ähnlichkeit mit dem verstorbenen Dompropst Bernard Henrichs.

Durch die Jahrhunderte hindurch entwickelten sich im Dom verschiedene Sitten und Bräuche. Der ein oder andere Brauch ist in der Vergangenheit auch schon einmal so ausgeartet, dass die kirchliche Obrigkeit dem Treiben durch ein Verbot einfach ein Ende setzte. Anderes hat sich erhalten und wird – in treuer Erfüllung einer eingegangenen Verpflichtung – bis heute in Ehren gehalten. Es kommt auch vor, dass sich – sehr zur Freude der Kölner und aller Dombesucher – neue Bräuche etablieren.

LOSS JON!

Das Jahr 1998 steht in Köln im Zeichen des Domjubiläums. 750 Jahre sind vergangen, seit Konrad von Hochstaden am 14. August, dem Vorabend des Festes Maria Himmelfahrt, den Grundstein für den Neubau des Doms gelegt hat. Kirche und Stadt haben zu diesem Anlass das ganze Jahr über ein vielfältiges Programm auf die Beine gestellt. In diesem Jubiläumsjahr verändert sich das Aussehen des Doms in seinem Inneren nachhaltig. Nach zehnjährigen Überlegungen, kontroversen Diskussionen und zahlreichen Tests mit provisorischen Orgelbühnen und Attrappen im Maßstab 1:1 ist eine wichtige Entscheidung gefallen: Eine neue Orgel wird im Mittelschiff als Schwalbennestorgel gebaut. Die renommierte Bonner Orgelbaufirma Klais hat den Auftrag bekommen. Zum Fest Peter und Paul, am 29. Juni, soll Opus 1770, so der offizielle Name des Instruments, vollendet sein. Mehr als drei Monate benötigen die Orgelbauer, um das aus rund 25 000 Einzelteilen bestehende und 30 Tonnen schwere Instrument in 20 bis 45 Metern Höhe zu montieren. Nach strengen Vorgaben darf die Orgel maximal 2,50 Meter in den Dom hineinreichen. Nachgemessen, ob diese Vorgabe auch tatsächlich eingehalten wurde, hat nie jemand. Auf den Montageplänen fehlen diese Maße merkwürdigerweise. Aber das – ist eine andere Geschichte.

Das Instrument mit 3956 Pfeifen, von 4 mm bis 12 m Länge, hat 45 Register. Sie heißen Prinzipal, Bordun oder Praestant. In Variationen sind alle großen Orgeln mit diesen oder ähnlichen Registern ausgestattet. Weltweit einzigartig aber ist ein Register ganz rechts oben neben dem Spieltisch. „Loss jon" steht in schwarzen Buchstaben als Aufschrift auf dem runden Knopf.

Im Programmheft zur feierlichen Weihe der Orgel im Rahmen des Festgottesdienstes am Hochfest Peter und Paul – alle Chöre am Dom wirken mit Domorganist Professor Clemens Ganz an der neuen Orgel und dem stellvertretenden Domorganisten Ulrich Brüggemann zusammen und sorgen für die festliche musikalische Gestaltung der Feier – werden die Gottesdienstbesucher ausdrücklich „auf eine optische Überraschung aus dem Schwalbennest" hingewiesen. Nur wenige Menschen

Das gibt es nur in Köln: ein Orgelregister mit der Bezeichnung „Loss jon".

wissen, worin diese optische Überraschung besteht. Zu ihnen gehört auch der damalige Dompropst Bernard Henrichs. Mit einem wissenden Lächeln sitzt er nach dem Schlusssegen neben Kardinal Joachim Meisner im Altarraum, als der Domorganist ein kleines Konzert auf der neuen Orgel gibt. Dann ist Stille. Plötzlich öffnet sich unter der Orgel eine Klappe. Ein Raunen geht durch den Dom. „Ahhs" und „Ohhs" sind zu hören, als eine Figur mit einer Narrenkappe auf dem Kopf herausfährt und die Orgel „Mer losse d'r Dom in Kölle" spielt. Die Ähnlichkeit des Narren im Orgelprospekt mit Dompropst Henrichs ist gewollt. Es soll ein Zeichen der Reverenz der Orgelbauer an den Chef des Domkapitels sein.

Aber viel hätte nicht gefehlt und die Sache mit dem „Loss jon" wäre gescheitert. Natürlich mussten die Verantwortlichen der Orgelbau-

die Vertreter der Bonner Orgelbaufirma den Geistlichen an. Eben noch war er von der Idee begeistert und nun das? Was ihn denn störe, wollen die Klais-Leute wissen. „Die Farbe der Narrenkappe. Sie ist rot-weiß. Ich aber bin Feldkaplan der Ehrengarde und unsere Farben sind grün-gelb", bemerkt der Propst in der ihm eigenen Art, wohl wissend, dass er sein Gegenüber gerade fast zur Verzweiflung gebracht hat. Also bekommt die Figur im „Rubbedidupp" eine Kappe mit den Farben der 1902 gegründeten

Zieht man das Register „Loss jon", spielt die Orgel „Mer losse d'r Dom in Kölle" und der Narr kommt aus der Orgel hervor.

firma den Propst im Vorfeld über die geplante „Sonderausstattung" der neuen Orgel informieren. Henrichs hört dabei den Ausführungen interessiert zu, schaut sich die Entwürfe an, sagt dann aber unvermittelt: „Dass kommt so überhaupt nicht infrage." Verdutzt blicken

Karnevalsgesellschaft, in der die Kölner Dompröpste seit Jahrzehnten das Amt des Feldkaplans bekleiden.

Zweimal im Jahr wird seitdem das Register „Loss jon" am Schluss von Gottesdiensten gezogen: bei der ökumenischen Feier der Kölner Karnevalsgesellschaften im Vorfeld der Proklamation des neuen Dreigestirns und nach der Zehn-Uhr-Messe am Karnevalssonntag.

FOLGENDE DOPPELSEITE *Es ist Domwallfahrt. Die Kathedrale zeigt sich fahnengeschmückt.*

Lange in Vergessenheit geraten ist ein Brauch, der jahrhundertelang im Dom praktiziert wurde: die sogenannte Judasverbrennung. Im kölnischen Messbuch von 1525 ist er fester Bestandteil der österlichen Liturgie. Auch wenn in einem neuen Messbuch, das 100 Jahre später veröffentlicht wurde, davon nichts mehr zu lesen ist, haben die Kölner noch bis 1825 alljährlich in der feierlichen Osterliturgie, damals noch am Karsamstagmorgen, daran festgehalten. Wenn „die Perücke des Judas" verbrannt wur-

EIN EXPLOSIVES EREIGNIS AN OSTERN

de, tobte das Volk, heißt es in alten Quellen. „Mancher von echtem Volksglauben gespeister Ritus ist wie ein Nebelschwaden verflogen", schrieb in den 1930er-Jahren bedauernd ein Kölner Journalist über den Verlust althergebrachter Bräuche und Sitten.

Im „Kölnischen Tageblatt" vom 12. April 1895 wird die Zeremonie ausführlich beschrieben. Dort heißt es:

„Noch während des ersten Viertels unseres Jahrhunderts fand alljährlich am Charsamstag im Dom eine eigenthümliche Feier statt. Dann erblickte man in den Morgenstunden im hohen Chor ein Seil, welches vom Gewölbe herab vor dem Hochaltar schwebte und an dessen Ende sich ein Büschel Werg befand. Unter einer ganz besonderen Ceremonie wurde dann beim Hochamte dieses Werg [Fasern von Flachs, die schnell zu Asche verbrennen und als Symbol für die Vergänglichkeit des Lebens und der Macht verwandt werden] in Brand gesetzt."

Im Volksmund hieß es, „der Kopf und die Perücke des Judas werden verbrannt". Mit diesem Akte, so heißt es weiter, dem eine tiefernste Bedeutung zugrunde lag, sollte dem Volk „mit Bezug nämlich darauf, daß dieser Verräther des Heilandes, von Reue getrieben, wie die Schrift sagt ‚hinging und sich erhängte mit einem Stricke', die Schandtat des Judas deutlich und anschaulich vor Augen geführt werden.

Mancherorts gehen auch heute noch Messdiener am Karfreitag und am Karsams-

tag mit hölzernen Klappern durch die Orte und künden den Bewohnern die Zeit, weil die Glocken ja von Gründonnerstagabend bis zum Gloria in der Osternacht in Rom verweilen. So heißt es jedenfalls im Volksmund. Es wird berichtet, wie in Köln Jungen mit Klappern durch die Stadt laufen und rufen „Auf zum Dom, dem Judas wird die Perücke verbrannt".

Was dann im Dom geschieht, hat den Charakter eines großen Spektakels. Nach dem Entzünden des Osterfeuers und der Osterkerze sei die Prozession, bestehend aus Geistlichen und Sängern durch die weiten Hallen der Kathedrale dem Chore zu gegangen, wo das Hochamt beginnen sollte. „Hier waren aber die das Chor abschließenden Eisengitter schon lange vorher von einem Menschenknäuel von Schaulustigen belagert, die sich beim Öffnen der Eingangsthüren mit Gewalt bis an den Altare drängten. Alle wollten das Schauspiel mitansehen, das sich nun bald vollziehen sollte. Alle Augen waren auf das vom Gewölbe herabschwebende Seil und das daran befestigte Wergbüschel, die Perücke des Judas' gerichtet", schreibt ein unbekannter Verfasser in einem im Jahr 1895 veröffentlichten Artikel. Mit dem Ruf „Attendite", „gebt genau acht!", sei dann ein Diakon mit der brennenden Osterkerze zu dem Werkbüschel getreten, habe dieses entzündet, das darauf unter lautem Knallen und Zischen und großer Rauchentwicklung in Flammen aufgegangen sei. Ursache dafür ist das Schießpulver, das die Küster in dem Büschel verborgen haben. Ist die Perücke des Judas verbrannt, setzen Orgel und Glocken ein und das Osterhalleluja erklingt.

„Jetzt hielt es die jauchzende Jugend nicht mehr im Dom. Hinaus auf den Domhof ging es, die Nachbarschaft wurde um Brennmaterial angebettelt und bald brannte ein hochloderndes Feuer: Judas wurde nochmals verbrannt."

Der 1809 geborene Albert Gereon Stein war Pfarrer an der Kölner Basilika St. Ursula. In Köln geboren, erinnert er sich lebhaft an eine Judasverbrennung in seiner Kindheit. In den Annalen des Historischen Vereins für den Niederrhein aus dem Jahr 1882 schildert er seine Erlebnisse als Kind im Dom „etwa um das Jahr 1818". Ergänzend zu dem bereits erwähnten Ritual beschreibt er nachdrücklich, was nach dem Verbrennen des mit Knallern und Pulver gefüllten „Judaskopf" geschieht.

Eine gelungene Visualisierung davon, was „katholisch" bedeutet

„Bei uns Knaben war aber auch jetzt die Andacht zu Ende. Es drängte uns hinaus in die frische Luft auf den Domhof, um hier das wichtige Erlebniß weiter zu besprechen und unsere Ansichten über dasselbe auszutauschen. Die meisten von uns hatten schon vorher zu Hause Mitteilungen über diesen Gegenstand erhalten, indem dort schon gestern bemerkt worden war: „Morje weed em Dom de Pürck verbrannt." [Morgen wird im Dom die Perücke verbrannt.] Mir hatte mein Vater bemerkt, diese ganze Ceremonie, der Krach nach der langen und stillen Fastenzeit und der darauf folgende Jubel der Orgel und der Glocken nach den früheren Trauertönen bedeute den Moment, wo daß Alte Testament aufhörte und das Neue Testament mit der Auferstehung Jesu anfing. Mein Vater hatte diese Erklärung von meinem geistlichen Herrn Pathen, welcher damals Kaplan der Dompfarre war, erhalten. Ich hörte dieselbe mit großem Respekt an, kann jedoch nicht sagen, daß sie mich befriedigt hätte. Bei meinen Kameraden fand ich mit dieser Gelehrsamkeit gar keinen Anklang. Diese wußten andere und anschauliche Deutungen. Einige behaupteten, jener Krach bedeute den Moment, wo der Engel bei der Auferstehung Jesu hernieder stieg und mit einem gewaltigen Ratsch den großen Stein von der Thüre des Grabes hinwegriß. Das ließ sich hören und war begreiflich. Die beste Erklärung aber, bei der wir schließlich alle stehen blieben, lautete also: „Dat bedük dr Judas, dä hätt sich selvs opjehange, und jetz fällt hä eraf, un basch mezzen durch." [Das bedeutet, der Judas hat sich selber aufgehängt und jetzt fällt er hinunter und bricht mitten durch] – „Das war anschaulich", notiert Gereon Stein kurz vor seinem Tod.

Weil diese ursprünglich einmal von tiefem Ernst geprägte Zeremonie im Laufe der Zeit ihren ursprünglichen Sinn nicht zuletzt dadurch verliert, dass „das eingeschobene Pulverwerk und sonstige Zutaten Veranlassung geben mussten, dass diese für den ernsten Gottesdienst unpassende Spielerei über kurz oder lang zu einem unverständlichen theatralischen Machwerk vollends herabsank", wird diese Zeremonie mit der Einsetzung eines neuen Domkapitels 1825 unterdrückt. Dabei war die Absicht der ursprünglich im Messbuch formulierten Sätze nicht verkehrt: Mit der Zeremonie sollte auf die Flüchtigkeit und die Hinfälligkeit der Freuden des Erdenlebens hingewiesen werden. Doch wie die Kölner nun mal so sind, haben sie diesen moralischen Ansatz umgedreht und ein Freudenspektakel daraus gemacht.

Domministranten im Dienst

önnen Sie sich vorstellen, dass in Köln ein Junge zum „Knabenbischof" ernannt wird und im bischöflichen Ornat, begleitet von Rittern zu Pferde, durch die Stadt zieht und Gaben sammelt? Jahrhundertelang hat es diesen Brauch in der Domstadt gegeben. Auch das dürfte ein ziemliches Spektakel gewesen sein. Hermann von Weinsberg, Kölner Ratsherr und Autor einer bedeutenden Quelle für das Alltagsleben in Köln im 16. Jahrhundert, kennt das Amt des „Knabenbischofs". „Anno 1566, den

Anschließend habe der Narrenbischof seine Begleitung bewirten müssen. „Schmausereien, Tänze und Parodierung der kirchlichen Zeremonien beschlossen das Fest", heißt es weiter.

Irgendwann muss der niedere Klerus doch damit wohl übertrieben haben. 1644 verbietet nämlich Erzbischof Ferdinand das Fest, „das da Narrenfest genannt wird, und alle Torheiten, Leichtfertigkeiten und Mißbräuche, die sich unter diesem Namen in die Kirche eingeschlichen haben". Den Brauch hat es am Dom noch

KNABENBISCHOF UND NARRENPAPST

6. Dezembris, ist Reinhardt, das Kind meines Schwagers und meiner Schwester zum Aren, auf dem Neumarkt, wo er zur Schule ging; Bischof gewest", schreibt Weinsberg in seiner Chronik. Es heißt, dass am Vorabend des Nikolaustages (6. Dezember) in den Gymnasien und Domschulen von den Schülern einer aus ihrer Mitte zum Bischof gewählt wird. Während der bis zum Fest der Unschuldigen Kinder (28. Dezember) dauernden Regierungszeit, besucht er die wohlhabenden Bürger und bittet um Geschenke, die er dann unter seinen Freunden verteilt. Korrekterweise muss man sagen, dass es nicht nur, aber auch im Umfeld des Doms alljährlich einen auserwählten Jungen gegeben hat, der in die Rolle eines Bischofs schlüpfte.

Eine Besonderheit am Dom ist dagegen das Amt des „Narrenbischofs" gewesen. In den 1930er-Jahren berichtet Dr. Franz Rodeus in einem Zeitungsartikel, was es mit dem „Narrenbischof" im Dom auf sich hat.

„An einem Tage in der Woche nach Weihnachten oder kurz nach Neujahr nahm die niedere Geistlichkeit die Gewalt an sich: Sie wählte aus ihrer Mitte einen ‚Narrenbischof' oder gar ‚Narrenpapst'. Der Erwählte wurde draußen vor der Kirche auf einen Esel gesetzt und in feierlichem Zuge in die Kirche eingeführt. Hier wurde zunächst auf die Tüchtigkeit des Esels ein lateinischer Lobgesang gesungen und der Erwählte dann zum Chor geführt. Der Narrenbischof nahm auf dem Bischofsstuhl Platz und nahm mit seiner Begleitung die sonst nur dem höheren Klerus zustehenden Handlungen vor."

Der Kölner Ratsherr Hermann von Weinsberg

lange gegeben: Schließlich hat der Erzbischof ja nicht den Brauch selbst, sondern nur die damit verbundenen Missbräuche verboten, lautet die kölnische Interpretation der erzbischöflichen Anordnung.

In einem anderen Zusammenhang spielt der Begriff „Kinderbischof" im Erzbischöflichen Priesterseminar unmittelbar nach dem Zweiten Weltkrieg eine Rolle. Noch heute schmunzeln verdiente Prälaten und hochbetagte Priester, wenn man sie auf die damalige Zeit und die Geschichte vom „Kinderbischof" anspricht. „Die meisten Priesteramtskandidaten waren Soldaten gewesen. Sie hatten als Kompaniechefs, Schnellbootkapitäne, U-Boot-Fahrer, Panzerkommandanten oder Flaksoldaten gedient. Nur einer von uns war nicht durch solches Getümmel oder Gefangenschaft belastet. Deshalb wurde er von den alten Haudegen scherzhaft ‚Kinderbischof' genannt. Später wurde aus unserem ‚Kinderbischof' dann tatsächlich ein richtiger Bischof", erinnert sich der Zeitzeuge lächelnd.

Großer Einzug mit Fahnen, Weihrauch und Kerzen, kurz vor dem Beginn der Prozession

Der Wirkliche Geheime Rat des Kurfürsten zu Köln, Christoph Friedrich von Geyr, Kapitularkanoniker an der Hohen Domkirche, ist ein frommer Mann. Seine Zeitgenossen beschreiben ihn als besonders wohltätig. Als er 1697 stirbt, hinterlässt er seinem Neffen nicht nur ein reichliches Vermögen. Er überträgt ihm auch die Verpflichtung, einige wohltätige Stiftungen zu errichten zugunsten „alter, schwacher, bresthafter und in größter Not lebender Leute". Auf eine dieser Stiftungen gehen die

hördlichen Verfügung 1812 auch die Stiftung des Kanonikus Geyr in den großen Topf eingebracht. Die städtische Armenverwaltung, so wird berichtet, erfüllt aber auch weiterhin den letzten Wunsch des Domkanonikers und stattet alljährlich vor Palmsonntag die „zwölf Apostel" gemäß der Testamentsvorschrift aus. In einem Zeitungsbericht von 1934 liest man, dass dieser Brauch erst durch die Inflation in den 1920er-Jahren, als auch das Stiftungsvermögen verloren ging, erloschen sei.

JAHR FÜR JAHR
ZWÖLF NEUE APOSTEL

„zwölf Apostel", wie sie im Volksmund genannt werden, zurück. Warum sich der Neffe 43 Jahre Zeit lässt, den Willen seines Onkels zu erfüllen, lässt sich aus heutiger Sicht nur vermuten. Möglicherweise spürt der Erbbegünstigte sein Ende nahen und befürchtet Schlimmes, für den Fall, dass er das Zeitliche segnet, ohne den letzten Willen seines Oheims erfüllt zu haben. „Mein Herr Oheim hatte im Sinn, daß der Patron [der Stiftung] alljährlich um Lätare zwölf arme Greise auswählen sollte, die am Samstag vor Palmsonntag in gewohnter Weise neu bekleidet, die Prozession der Dreikönigenbruderschaft aus der Marienkapelle des Doms am nächsten Tag begleiten und am darauffolgenden Gründonnerstag im Dom, wohl gewaschen, zur Fußwaschung erscheinen sollten, um nachher mit einem einfachen Mahle gespeist oder stattdessen jeder mit einem Taler oder einem rheinischen Gulden beschenkt zu werden", erklärt der Neffe, „des Römischen Reiches Ritter und Edler Rudolf Adolph von Geyr-Schweppenburg und Ingenfeld, Kurkölnischer Geheimer Rat, Amtmann von Erp und Brauweiler", so der vollständige Name, in der Stiftungsurkunde. Diejenigen der zwölf Apostel, die von Gründonnerstag an „bis zum Palmsonntag des folgenden Jahres die monatliche Messe der Dreikönigenbruderschaft beiwohnen, sollen nach dem Amte je vier Albus [Geldmünzen] gereicht erhalten", heißt es weiter.

Der Oheim hat vorgesorgt. Die Stiftung – Ländereien und Kapitalien – wirft genug Geld ab, um in den nächsten Jahrzehnten den Stifterwillen zu erfüllen. Als die Franzosen in Köln die Macht übernehmen und die Armenfürsorge der Stadt übertragen, wird aufgrund einer be-

Dreikönigenschrein im dunklen Dom

V iele Superlative werden in Verbindung mit dem Dom gebraucht: Das meistbesuchte Bauwerk Deutschlands, die „perfekte gotische Kathedrale", der schönste und größte Reliquienschrein oder die größte freischwingende Glocke. Diese Aufzählung lässt sich beliebig fortsetzen. Dass die Kölner Kathedrale aber auch über eine weltweit einzigartige Form der Zeitmessung verfügt, ist weniger bekannt.

Dieses Zeitmaß schlägt und tickt nicht, sondern hängt still, unbeweglich und ein wenig

Anders als in früheren Zeiten, als die lateinische Sprache vielen Menschen geläufig und vertraut war, blicken heute die meisten Besucher des Doms mehr oder weniger verständnislos nach oben zur Tafel. Selbst mancher Priester, der des Lateinischen mächtig sein müsste, kapituliert. Dann kommt die Stunde der Küster, die gerne die freie Übersetzung der lateinischen Inschrift liefern: „So viele Stäbe du hier hängen siehst, so viele Jahre steht der Bischof der Kirche von Köln vor."

QUOT PENDERE VIDES BACULOS ...

verstaubt an der Wand im Nordquerhaus des Doms. Links oberhalb der Schmuckmadonna, genau über dem bestohlenen Reliquiar mit dem Blut des heiligen Papst Johannes Paul II., ist an der Wand in etwa 5 Metern Höhe eine eiserne Stange befestigt. Zwei je 1 Meter lange, goldlackierte Holzstäbe sind dort aufgehängt. Der linke Stab glänzt schon nicht mehr ganz so golden wie der rechte. Dieser befindet sich ja auch erst seit wenigen Wochen an seinem Platz.

In der Frühe des 13. Septembers, einen Tag nach dem Jahrestag der Einführung von Kardinal Rainer Maria Woelki als Erzbischof von Köln, hat einer der Domküster mithilfe einer selbst gebastelten Teleskopstange den neuen Stab platziert. In der Vergangenheit haben die Küster auch schon mal die jahrzehntealte Drehleiter benutzt, die normalerweise in der Turmhalle des Südturms steht. Hin und wieder „schweben" sie unter Verwendung einer hydraulischen Hebebühne, den Schutzhelm auf dem Kopf und mit einem Klettergeschirr gegen einen möglichen Absturz gesichert, dem Himmel entgegen. Selten sind zu dieser frühen Morgenstunde, wenn die Küster ihren Dienst beginnen, schon Besucher im Dom. Die erste Messe fängt erst später an. Aber hin und wieder kommt es doch vor, dass ein Frühaufsteher die Sakristane bei ihrem Tun beobachtet und verwundert wissen will, was denn das Ganze soll. Dann verweisen sie augenzwinkernd auf die schwarze Tafel unterhalb der Stange mit den Stäben. In goldenen Lettern steht dort geschrieben: „QUOT PENDERE VIDES BACULOS TOT EPISCOPUS ANNOS HUIC AGRIPPINA PRAEFUIT ECCLESIA".

Die Anzahl der goldlackierten Holzstäbe gibt wieder, wie viele Jahre der Erzbischof im Amt ist.

1771 hält der Kölner Friedrich Hochmuth in seinem kleinen Büchlein mit dem ellenlangen Titel „Historische Beschreibung derer stadtkölnischen Kollegiatstiftern, wie solche Erhard von Winheim und Aegidius Gelenius in lateinischer Sprache mitgetheilet, numehro aber zum gemeinen Besten ins Teutsche übersetzt, und mit verschiedenen lesenswerten Zusätzen reichlich vermehrert worden" eine freiere Übersetzung der Schrift fest:

„So viel du Leser hier siehst goldene Stecken hangen, / so viele Jahre sehn wir unseren Fürsten prangen, / mit seinem Hirtenstab, womit er uns regieret, / und über diese Kirche die Oberherrschaft führet."

Fragt man die Männer des Doms nach dem Ursprung und dem Alter dieses Brauches, dann sind sie es, die mit dem Kopf schütteln.

Woher sie kommt und seit wann die Sitte gepflegt wird, die Amtsjahre des regierenden Bischofs durch Stäbe anzuzeigen, weiß man

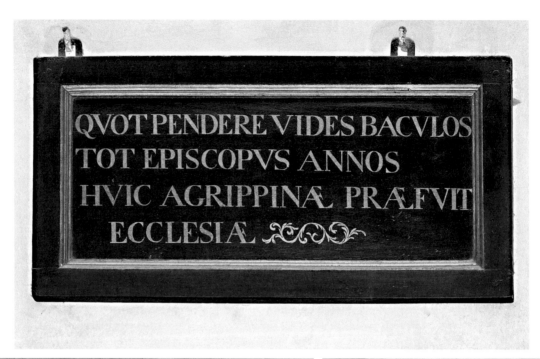

QVOT PENDERE VIDES BACVLOS
TOT EPISCOPVS ANNOS
HVIC AGRIPPINÆ PRÆFVIT
ECCLESIÆ

BILD OBEN *Die lateinische Inschrift auf der Holztafel klärt über den Sinn der Holzstäbe auf.* DARUNTER *Die Dom-küster haben unterschiedliche Techniken entwickelt, die Stäbe aufzuhängen.*

nicht. Nirgendwo gibt es Vergleichbares. Aegidius Gelenius, der große Kölner Stadthistoriker, berichtet in seiner 1645 erschienenen Schrift „De Admiranda, sacra, et civili magnitudine Coloniae Agripinensis Augustae Ubiorum Urbis" („Über die bewunderungswürdige geistliche und bürgerliche Größe der Ubierstadt Colonia Claudia Agrippinensis Augusta") auch davon. Der Priester und Historiker zitiert die Inschrift der Tafel und fügt hinzu: Er sehe 33 Stäbe für die Amtsjahre des Erzbischofs Ferdinand. Der Wittelsbacher Ferdinand von Bayern war Erzbischof und Kurfürst und regierte von 1612 bis 1650 auf dem Kölner Bischofsthron. Entweder war die Eisenstange für die Stäbe länger oder die Stäbe müssen deutlich dünner als die heute verwendeten Exemplare gewesen sein. Sonst ist nicht vorstellbar, wie die große Anzahl von 33 „Baculi" Platz gefunden haben sollen.

Noch älter als die Erwähnung des Brauches bei Gelenius ist die Notiz in den Reisebeschreibungen des Arnoldus Buchelius, Utrechter Humanist, Jurist, Altertumsforscher und Heraldiker. Buchelius, dessen Familie ursprünglich aus Köln stammt, hält sich im Sommer 1587 für einige Wochen in der Domstadt auf. Der Utrechter hat in seiner Heimat den calvinistischen Bildersturm erlebt, in dessen Verlauf Kirchen und ihre historischen Ausstattungen zerstört wurden, womit beträchtliche Teile der Geschichte verloren gingen. Nicht nur in Köln ist er mit wachen Augen bemüht, historische Gebäude, insbesondere Kirchen und deren Ausstattung möglichst exakt zu beschreiben, damit für den nicht auszuschließenden Fall eines Verlustes zumindest die Erinnerung daran lebendig gehalten wird. So ist verständlich, dass der Forscher sich mit der seltsamen Inschrift und den merkwürdigen Stäben befasst, die bereits zu seiner Zeit auf eine lange Tradition zurückblicken können. Er notiert: „Ich sah auch hier Stäbe aufgehängt, die die Jahre des Erzbischofs anzeigen. Nach alter Sitte werden Jahr für Jahr die Stäbe von einem Chorknaben aufgehängt, dem auf Lebenszeit sein Bedarf an Brot und Wein vom Erzbischof gestellt wird. Diese Stäbe zeigen an, wie viele Jahre der Bischof regiert hat; bei seinem Tode werden sie alle entfernt."

Der frühere Dombaumeister Professor Dr. Arnold Wolff war schon im Amt, als Joseph Höffner als Nachfolger von Kardinal Josef Frings in die Position des Erzbischofs von Köln eingeführt wurde. Der aus dem Westerwald stammende Höffner war ein kluger und überaus

gebildeter Mann. Er interessierte sich auch für seine Bischofskirche und deren Geschichte und Traditionen. Und so wurde der neue Erzbischof auch kurz nach seiner Einführung auf die Sache mit den Jahresstäben aufmerksam. Noch viele Jahre später erzählt Wolff schmunzelnd von einem Gespräch mit dem Erzbischof. Er sei doch jetzt schon einige Wochen im Amt. Warum hänge denn immer noch kein goldener Stab an der Stange, habe ihn der Erzbischof vorwurfsvoll gefragt. Unter Hinweis auf die Tafel mit

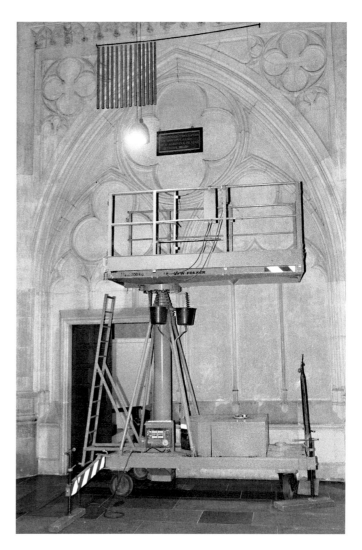

Manchmal kommt auch eine Hebebühne zum Einsatz.

der goldenen Inschrift, die der Erzbischof wohl übersehen hatte, war Höffner zufrieden, dass er seinen ersten Stab erst einen Tag nach dem Jahrestag seiner Amtseinführung bekommen werde.

anche Merkwürdigkeit im Dom erschließt sich uns heute nicht mehr, weil viele Menschen kein Latein mehr können und Übersetzungen nicht vorhanden sind. Nicht nur die Inschriften der meisten Grabmäler bleiben dem Betrachter so verschlossen. Viele Besucher der Kathedrale laufen zum Beispiel auch achtlos an der weißen Marmortafel vorbei, die in etwa 3 m Höhe am dritten Pfeiler von Westen im nördlichen Seitenschiff befestigt ist. Die mit schwarzem Stein eingefasste Tafel, die 1771 an-

DAS GESCHENK
DES GRAFEN EMUNDUS

stelle einer gestohlenen Bronzetafel angebracht worden war, zeichnet sich nicht gerade durch hohe Kunst aus. Und doch ist sie eine ausgesprochene Besonderheit: Der auf ihr verzeichnete Text weist nämlich auf eine Geschichte hin, die ihren Ursprung in einer Zeit hat, die lange vor dem Baubeginn des heutigen Doms im Jahre 1248 liegt.

„Einst war ich weithin berühmt und ward Graf Emundus benannt. Tod lieg ich, ausgestreckt hier, begraben, so wie ich es wollt. Dir bringe, heiliger Petrus ich, mein Friesheim, die Grafschaft, ich dar. Gib mir dafür einen Platz im Himmel, so bitte ich dich. Dieses Fundamentes Gestein bedeckt des Grafen Gebein."

So lautet die Inschrift in deutscher Übersetzung. „Dieses Fundamentes Gestein bedeckt des Grafen Gebein"? – lange hat man sich gefragt, wie dieser Satz zu deuten ist. Und warum ist dieser Graf so bedeutsam, dass im gotischen Dom an eine Grabstätte erinnert wird, die viel älter ist, als der Dom selbst?

Es muss eine bedeutende Schenkung gewesen sein, die der um das Jahr 825 in einer Urkunde erwähnte Graf Emundus zugunsten des Doms gemacht hat. So groß, dass noch nach Jahrhunderten die mit der Schenkung verbundenen Verpflichtungen im Dom wahrgenommen und damit der verfügte Stifterwille erfüllt wurde. Emundus hat nicht nur seine Grafschaft dem heiligen Petrus und damit dem Dom übertragen. Er hat der Dombibliothek darüber hinaus eines oder mehrere Bücher/Codices geschenkt.

Am Vorabend des Todestages des Emundus, der am 16. November verstarb und um 833 in der nördlichen Vorhalle des Alten Doms beigesetzt wurde, hatte der Dompropst selbst am Grab vier brennende Kerzen aufzustellen und des Verstorbenen in besonderer Weise zu gedenken. Der bereits erwähnte Friedrich Hochmuth bemerkt dazu 1771 in seinem Buch, „weil die Kirchner oder Domküster am Gedächtnistage dieses Grafen um diese Säule, wie vormals um das Grabmal, Lichter zu setzen pflegen, so hat das leichtgläubige Volk ebenso dreiste, als fälschlich ausgesprenget, daß in dieser Säule, ich weiß selbst nicht, was für ein Baumeister begraben liege."

Die rotgekleideten hohen Domherren, auch Domgrafen genannt, hielten als Lehensträger der Grafschaft Friesheim zum Jahrgedächtnis am Grab eine Statio und trafen sich anschließend zum „convivium rufum", einem roten Essen, bei dem es ursprünglich nur roten Wein und Brot gab. Bis zur Säkularisation ist dieser Brauch, von dem auch Gelenius in seiner Stadtgeschichte berichtet, gepflegt worden.

Doch was ist mit dem oben zitierten Satz, wonach des Grafen Gebein im Fundament des Pfeilers ruht?

1946 ist Köln noch eine Trümmerwüste. Erst langsam erholt sich die Stadt von den Schrecken des Krieges. Der Dom ist zu dieser Zeit geschlossen. Die eingestürzten Gewölbe müssen neu gemauert werden. Schon lange haben Archäologen den Wunsch geäußert, im Untergrund des Doms nach den Überresten des karolingischen Doms suchen zu dürfen. Aber das Domkapitel lehnt diese Ansinnen ab. Dem Krieg, den Zerstörungen im Dom und Major Roß, einem britischen Kunstschutzoffizier ist es „zu verdanken", dass die Domkapitulare ihre Meinung ändern. Weil es Befürchtungen gibt, bei den Freisprengungen im Rhein unmittelbar nach Kriegsende könnten die Domfundamente Schaden genommen haben, regt der britische Offizier an, vor Wiedereröffnung des Doms die Fundamente eingehend zu untersuchen. Diese Argumentation überzeugt die Domkapitulare. Sie stimmen der „Reise in die Geschichte des Doms" zu. Unter der Leitung von Otto Doppelfeld beginnen die Ausgrabungen in unmittelbarer Nähe des Pfeilers mit der Erinnerungstafel an den Grafen Emundus. Und die Forscher finden die Bestätigung für die Inschrift: Das nach

INCLITUS ANTE FUI, COMES EMUNDUS
VOCITATUS, HIC NECE PROSTRATUS, SUB
TEGOR UT VOLUI·FRISHEIM SANCTE,
MEUM, FERO PETRE TIBI COMITATUM
ET MIHI REDDE STATUM, TE PRECOR
ÆTHEREUMHÆCLAPIDUM MASSA,
COMITIS COMPLECTITUR OSSA·

OBEN *Im nördlichen Seitenschiff erinnert eine Marmortafel an den Grafen Emmundus.* UNTEN LINKS *Ein Funda-mentpfeiler hatte das Plattengrab, in dem Emmundus bestattet war, durchtrennt.* UNTEN RECHTS *Gottfried von Arnsberg ist als einziger Laie im Dom in einem Hochgrab bestattet.*

1248 gebaute Fundament durchschneidet an dieser Stelle ein gemauertes Plattengrab. Nichts spricht dagegen, dass darin einst der Graf von Friesheim beigesetzt wurde. Als das Grab für den Neubau zerstört werden muss, bleiben die sterblichen Überreste an dieser Stelle, nur eben jetzt im mächtigen Fundament des Doms.

Auch wenn seit der Aufhebung des Domstiftes im Jahre 1802 das mit der Stiftung verbundene Vermächtnis nicht mehr erfüllt wird, ist Graf Emundus deswegen nicht vergessen. Mit-

Jedes Jahr legt eine Delegation aus Arnsberg am Grab einen Kranz nieder.

te der 1950er-Jahre führt der damalige Dompropst Gielen zusammen mit dem Domkustos Hoster die Spitzen des Landschaftsverbandes durch die Kathedrale. Dabei kommt man auf die Geschichte des Grafen Emundus zu sprechen. Spontan, so sagt man heute, habe der damalige Landesdirektor Dr. Udo Klausa angeregt, die Tradition des convivium rufum am Todestag des Emundus wieder aufleben zu lassen. Allerdings, so heißt es, setzt sich der Teilnehmerkreis an diesem Mahl, das abwechselnd vom jeweiligen Dompropst und vom Direktor des Landschaftsverbandes ausgerichtet wird, heute aus Prominenz aus Kirche, Politik und Kultur zusammen. Voraussetzung zur Teilnahme ist, dass jeder mindestens ein rotes Kleidungsstück trägt. So bringt der Wille eines vor fast 1200 Jahren verstorbenen Grafen auch im 21. Jahrhundert Menschen zu einer Erinnerungsfeier zusammen. Dem alten Brauch entsprechend, stehen seit 2016 am Todestag des Grafen auch wieder vier Leuchter an der Säule mit der Inschrift.

Im Jahr 1371 stirbt in Arnsberg Graf Gottfried IV. von Arnsberg. Die Stadt im Sauerland, die 1794 durch die „Beherbergung" des Dreikönigenschreins und der Reliquien der Heiligen Drei Könige zum Schutz vor den in Köln einrückenden Franzosen noch von großer Bedeutung für Köln und den Dom werden soll, ist seit langem Sitz des einflussreichen Geschlechts derer von Arnsberg. In den vergangenen Jahrzehnten hat Gottfried die Politik in der Region maßgeblich mitbestimmt. Mehr als einmal

EIN HOCHGRAB FÜR DEN GRAFEN AUS DEM SAUERLAND

ist er dabei auch in Konflikt mit seinem mächtigen Nachbarn geraten, dem Erzbischof von Köln. Weil die Ehe des Grafen kinderlos bleibt und ein legitimer Nachfolger fehlt, verkauft der letzte Arnsberger Graf seinen Besitz für 190 000 Gulden an den Erzbischof von Köln. Dieser hat dadurch jetzt ein Machtzentrum in seinem westfälischen Besitz. Graf Gottfried siedelt mit seiner Gattin nach Köln über und verbringt dort seinen Lebensabend. Als er am 21. Februar 1371 stirbt, findet er im Dom als einziger weltlicher Fürst in einem Hochgrab in der Marienkapelle seine letzte Ruhestätte.

Bis heute ist der Graf in seiner alten Heimat nicht in Vergessenheit geraten. Auch fast 700 Jahre nach seinem Tod gedenken die Menschen einiger Ortschaften der ehemaligen Grafschaft ihres Grafen in Dankbarkeit. Diese ist so groß, dass alljährlich am Freitag vor dem zweiten Septemberwochenende eine Delegation aus Neheim, heute ein Stadtteil vor Arnsberg, nach Köln reist, um am Grab des Grafen einen Kranz niederzulegen.

Die Dankbarkeit der Bürger hat ihren Grund: 1368, vor dem Verkauf seines Besitzes an den Kölner Erzbischof, schenkte er der Stadt Neheim als Dank für treue Dienste 900 Morgen Land. Damit verbunden ist die Verpflichtung, Messen für den Grafen und seine Gattin lesen zu lassen und den Kindern der Stadt je ein süßes Weckchen, Stütchen genannt, zu schenken. Ähnlich großzügig hatte sich Gottfried bereits einige Jahre zuvor gegenüber der Stadt Arnsberg gezeigt. So kommt es, dass alljährlich Ende September ein großer Kranz mit blau-weißen Schleifen das mittelalterliche Grab des Grafen Gottfried in der Marienkapelle des Doms schmückt. Damit auch jeder Besucher weiß, woher der Kranz kommt, steht auf den Schleifen: „Dem Grafen Gottfried von Arnsberg – Die dankbare Stadt Arnsberg".

Anlässlich der Boisserée-Messe wird das Grab Konrad von Hochstadens geschmückt.

Hinter dem Banner der Dombauhütte zieht die Prozession der Dombauleute ein.

Der 20. September 1851 ist ein Samstag. An diesem Tag schreibt Sulpiz Boisserée in sein Tagebuch: „Nebel dicker und zuletzt gewaltigen Regen". Seit neun Jahren wird am Dom weitergebaut. Der Lebenstraum Boisserées, der sich seit Beginn des Jahrhunderts unablässig und schließlich mit Erfolg für die Wiederaufnahme der Arbeiten zur Vollendung der Kathedrale eingesetzt hat, ist im Begriff erfüllt zu werden. Er selbst wird die Vollendung des Werkes, das er angestoßen hat, nicht mehr

BOISSERÉES VERMÄCHTNIS UND DIE DOMBAULEUTE

erleben. Der Kunstsammler stirbt am 2. Mai 1854 in Bonn und bekommt dort auf dem Alten Friedhof sein Grab.

Im Tagebucheintrag dieses Tages schreibt er noch zwei Sätze, die auf eine bestimmte Weise von großer Nachhaltigkeit sind. „Ärger mit dem Fiscus", lautet der erste Satz in zeitloser Aktualität. Der zweite Satz heißt: „Testament vollends ins Reine geschrieben und abgeschlossen".

162 Jahre sind seither vergangen. Und doch ist Boisserées Testament aktueller denn je: Alljährlich versammeln sich immer am Freitag um den 8. November, dem Gedenktag der „Vier Gekrönten" – dabei handelt es sich um die Patrone der Steinmetze, deren Fest inzwischen nicht mehr im offiziellen Heiligenkalender der katholischen Kirche verzeichnet ist –, gegen 11 Uhr die Mitarbeiterinnen und Mitarbeiter der Dombauhütte vor dem Chorumgang auf der nördlichen Seite. Der Legende nach waren die Vier Gekrönten vier Steinmetze, die sich im Jahre 302 weigerten, eine Statue der heidnischen Gottheit Asklepios aus Stein zu hauen. Daraufhin seien sie gefoltert worden und als Christen für ihren Glauben den Märtyrertod gestorben.

Mit dem elften Glockenschlag setzt sich ein langer Zug in Richtung Johannes-Kapelle in Bewegung. Dort ist das Hochgrab des Erzbischofs Konrad von Hochstaden, der 1248

Zur Boisserée-Messe bringen die Mitarbeiter am Dom ihre Werkzeuge mit.

den Grundstein für den Bau des Doms gelegt hat. Angeführt wird der Zug von einem Domsteinmetz, der das Banner der Dombauhütte trägt. Dahinter folgen der jeweilige Dombaumeister und dessen Amtsvorgänger/in sowie der Präsident des Zentral-Dombau-Vereins. Ihnen schließen sich die Frauen und Männer der Dombauhütte und der Dombauverwaltung an.

Die Kapelle bietet an diesem Tag ein ungewöhnliches Bild. Festlicher Blumen- und Kerzenschmuck sind im Dom nicht selten. Die Prunksessel rechts neben dem Hochgrab fallen dagegen schon auf. Sie sind für den Dombaumeister und seine emeritierten Vorgänger bestimmt. Ins Staunen gerät der unbefangene Dombesucher, wenn er sich die Bronzestatue des Erzbischofs auf der Tumba näher betrachtet. Sowohl das Haupt als auch die rechte Hand der Liegefigur sind von den Domküstern liebevoll mit Kränzen von Lorbeer und frischen Blumen geschmückt.

Genau so soll es nach dem letzten Willen Boisserées auch sein. Er hat auch verfügt, dass „zur Erhöhung der Feierlichkeit die Bauleute mit ihren Werkzeugen erscheinen" und dass eine „Singmesse, wegen des engen Raumes jedoch nur von einem Priester gefeiert, mit einem guten, womöglich vierstimmigen Choralgesang begleitet werde". Diese alljährliche Messe habe er „zum Andenken meiner Theilnahme für den Dombau gestiftet".

In einer „kurzen Anrede soll sämtlicher Bau- und Schutzherren im Allgemeinen, des Cardinal-Erzbischofs von Geissel und des Königs Friedrich Wilhelm IV. jedoch namentlich, so fort der Dombau-Verein, sämtlicher Bau-Meister und Bauleute, die an dem großen Werk gearbeitet haben und noch daran arbeiten, mit Dankbarkeit und frommen Wünschen für die Seelenruhe der Verstorbenen, sowie für das Wohl und die Erhaltung der Lebenden gedacht werden."

Für die Frauen und Männer am Dom, die durch ihr Können und ihren Einsatz dazu beitragen, dass die Kathedrale erhalten wird, ist dieser Tag immer ein besonderes Ereignis. Natürlich auch, weil nach der Messe in der Hütte zu Ehren Boisserée gegessen und getrunken wird. Noch mehr aber bewegt sind die tatkräftigen und manchmal auch nicht zimperlichen Handwerker vom Atem der Geschichte, der bei dieser Feier durch den Dom weht.

Kerzen in einer Kirche sind nichts Ungewöhnliches. Erst recht nicht im Dom, wo die Liturgie immer besonders festlich gestaltet wird und viele Kerzen im Altarraum zum Gottesdienst entzündet werden. Den wenigsten Gottesdienstteilnehmern wird die einzelne, nicht sonderlich große Kerze auffallen, die, von den Gläubigen her betrachtet, auf der rechten Altarseite steht. Immer? Nein, nicht immer, sondern nur dann, wenn ein Bischof den Gottesdienst zelebriert. „Bugia" lautet die Bezeichnung für

DIE EINSAME KERZE AUF DEM ALTAR

diese Kerze. Sie steht auf einem flachen Ständer mit einem Handgriff. Die Entstehung dieses Brauches, der offiziell seit 1968 abgeschafft ist, der aber im Dom nach wie vor gepflegt wird, liegt in dunkler Vorzeit. Einst wurde die Bugia auf dem „Palmatoria" genannten Handleuchter dem Bischof und kirchlichen Würdenträgern aufgrund eines Rechtes oder Privilegs als Zeichen ihrer Amtswürde hingehalten. Wenn man vor Beginn einer Messfeier auf dem Altar eine einzelne Kerze stehen sieht, bedeutet dies: Dem Gottesdienst steht ein Bischof vor.

FOTO LINKS *Brennt auf dem Altar die Bugia, dann wird ein Bischof den Gottesdienst zelebrieren.*
FOLGENDE DOPPELSEITE *Schwindelfrei zu sein ist Voraussetzung, um am Dom als Gerüstbauer arbeiten zu können.*

TRAURIGER ABSCHIED VON EINEM WAHRZEICHEN

05

Aufnahme mit dem Kran auf dem Südturm; sie entstand kurz bevor das Wahrzeichen abgebrochen wurde.

Jahrhundertelang war er das Wahrzeichen Kölns: der Kran auf dem unvollendeten Südturm des Doms. Bei Sturm und Wind drehte er sich knarrend und knirschend, für die Kölner ein vertrautes Geräusch, das erst 1868 verstummt. In diesem Jahr macht es der Baufortschritt am Dom notwendig, den alten Kran zu entfernen. Für viele Kölner ein bewegender Moment …

Fragt man Kölner, was passiert, wenn der Dom fertig ist, bekommt man zur Antwort: „Dann geht die Welt unter!". Seit Generatio-

Ansicht der Stadt Köln; aus: Hartmann Schedel, Weltchronik, 1493

nen ist diese nicht ganz ernst gemeinte Volksweisheit im Gedächtnis der Menschen in der Domstadt verankert. Möglicherweise ist die „Weissagung" nach 1842, als die Arbeiten zur Vollendung der Kathedrale aufgenommen werden, entstanden.

Nicht auszuschließen ist, dass dieses Orakel an die Stelle eines wesentlich älteren getreten ist, das die Menschen in Köln seit Jahrhunderten beschäftigt. Im Mittelpunkt dieser Vorahnung steht der berühmte Domkran. Seit 1450–1460, damals erscheint der Domkran erstmals auf Tafelbildern, die das Martyrium der heiligen Ursula und der 11 000 Jungfrauen zeigen, gibt es keine Kölner Stadtansicht, auf der die größte technische Maschine des Mittelalters auf dem Südturm des Doms fehlt. Bis zu zwei Tonnen konnten mit der 25 m hohen Konstruktion emporgehoben werden. Das Herz der Maschine war ein Eichenstamm, „Kaiserstiel" genannt. 15 m lang war dieser Stamm. An seiner dicksten Stelle hatte er einen Durchmesser von mehr als 1 m. Nach der Einstellung der Bauarbeiten am Dom um 1560 bleibt der Kran auf dem Südturm stehen. Für den Fall der Wiederaufnahme der Arbeiten soll er dann weiter seine Dienste tun. Der sich im Wind hoch über der Stadt drehende Kran wird zum Wahrzeichen der Stadt.

„Die Prophezeiung trifft ein!", zitiert die „Kölnische Volkszeitung" in ihrer Ausgabe vom 17. Juli 1816 „ein gutes Mütterchen". „Der Welt Ende ist da! Der Domkran wird wirklich abgebrochen, und so kommt nun die Reihe an den ganzen Erdball!", bringt die Zeitung die furchterfüllten Worte der alten Kölnerin. Der Autor des Artikels kann seine Leser aber beruhigen. Nicht der ganze Kran, sondern nur der Ausleger werde abgebrochen, um sogleich durch einen neuen ersetzt zu werden. In diesem Kontext

DAS ENDE DER WELT IST NAHE

kommt der Journalist zu einer, auch aus heutiger Perspektive immer noch bedenkenswerten Aussage:

„Wenn man die Reste von so manchem herrlichen Gebäude betrachtet, das in der, überall im Niederreissen so meisterhaften, französischen Zeit hier vernichtet wurde, so fühlt man sich wirklich versucht zu fragen, ob nicht auch, wenn die Übertragung des Weltgebäudes [gemeint ist der Dom] in öffentlicher Verdingung ausgebothen worden wäre, sich ein Unternehmer dazu gefunden haben würde!"

„Glück gehabt", kann der entsprechende Kommentar dazu nur lauten.

Jetzt, da Köln seit 1815 preußisch ist, schaffen die neuen Herren Ordnung in der Stadt. Nach mehr als 250 Jahren soll auch der Kran auf dem Stumpf des Südturms einer Sicherheitsüberprüfung unterzogen werden. Am 18. April 1816 übernimmt Stadtbaumeister Peter Schmitz zusammen mit anderen Werkmeistern diese Untersuchung. Das Ergebnis ist verheerend: Der Kran ist nicht nur morsch und hinfällig. Er ist auch mehr als 2 Meter aus seiner ursprünglichen Position verschoben. Bei einem starken Sturm droht er vom Turm zu stürzen. Die Kölner wehren sich gegen den Plan, das Wahrzeichen der Stadt abzureißen. Eine daraufhin angeordnete zweite Untersuchung am 10. Juli aber bestätigt die Ergebnisse der ersten: Der Kran ist eine Gefahr.

Um die aufgebrachte Stimmung in der Bevölkerung zu besänftigen, wird zwischen dem 11. und 22. Juli nicht der gesamte Kran, sondern nur der lange Ausleger abgebaut. Bei diesen Arbeiten finden die damit beschäftigten

Männer einen Zettel. In alter Schrift steht dort geschrieben, dass am 10. Oktober 1693 abends um 6 Uhr der Blitz in die Spitze des Krans eingeschlagen sei und dieser daraufhin zu brennen begonnen habe. Der Brand habe einen größeren Schaden verursacht, ehe er gelöscht werden konnte.

Das Bedauern über den Verlust des Wahrzeichens unter den Kölner Bürgern ist groß. Im Februar 1818 genehmigt der Stadtrat eine öffentliche Sammlung, um die Mittel für den

Noch einmal kommt der Kran zum Einsatz. Bei der Grundsteinlegung zum Fortbau des Doms am 4. September 1842 wird unter dem Jubel der Menschenmenge ein Stein mit dem Kran nach oben gezogen. Solange der Kran den Fortbau nicht stört, bleibt er unbehelligt (Weltuntergang!).

Zahlreiche Dichter und Denker setzen dem Domkran in ihren Werken ein literarisches Denkmal. 1790 kommt der aus Koblenz stammende Priester und Autor Josef Gregor Lang

Im Vordergrund die Baustelle des Wallraf-Richartz-Museums

Neubau des Auslegers zu bekommen. Damals wie heute: Zuerst wird gemault, und wenn es ans Bezahlen oder Spenden geht, bleiben die Kölner zurückhaltend. Der langjährige Präsident des Zentral-Dombau-Vereins, Karl-Heinz Lang, pflegte immer zu sagen: „Wenn der Kölner den Dom sieht, geht ihm zwar das Herz auf, aber nicht das Portemonnaie." Jedenfalls kommt damals nicht genügend Geld zusammen, und das Vorhaben wird fallengelassen. Am 20. Mai 1818 stirbt in der Domstadt der ehemalige Bürgermeister Reiner Josef Klespe. In seinem Testament bestimmt er 1800 Taler aus seinem Nachlass für den Bau eines neuen Kranauslegers. So bekommt der Kran doch noch einen neuen, 18 m langen „Schnabel". Die Volksseele ist beruhigt, der Weltuntergang verschoben.

auf seiner „Reise auf dem Rhein", so der Titel seines Buches, das als einer der ersten Reiseführer gilt, nach Köln. Lang besucht auch die „Domkirche". Er beschreibt die beiden Türme, von „denen der eine zur nördlichen Seite nicht 21 Schuhe über der Erde emporsteht, und der andere, in welchem die Glokken hangen, von denen die schwereste 225 Zentner wiegt, noch kaum zur Hälfte aufführet. Auf letzterem stehet noch der Krahnen, welcher verräth, daß es Ernst war, den prächtigen Plan auszuführen. Ich mögte ihn, da er doch nicht mehr zum Gebrauche dastehet, hinweg wünschen. Wäre er nicht da, so könnte man denken, die Zeit wäre im Begriffe, diese ungeheure Steinmasse zu zerstören, und der Gedanke würde mit der Aufbauung des Thurmes zu Babylon nicht so ähn-

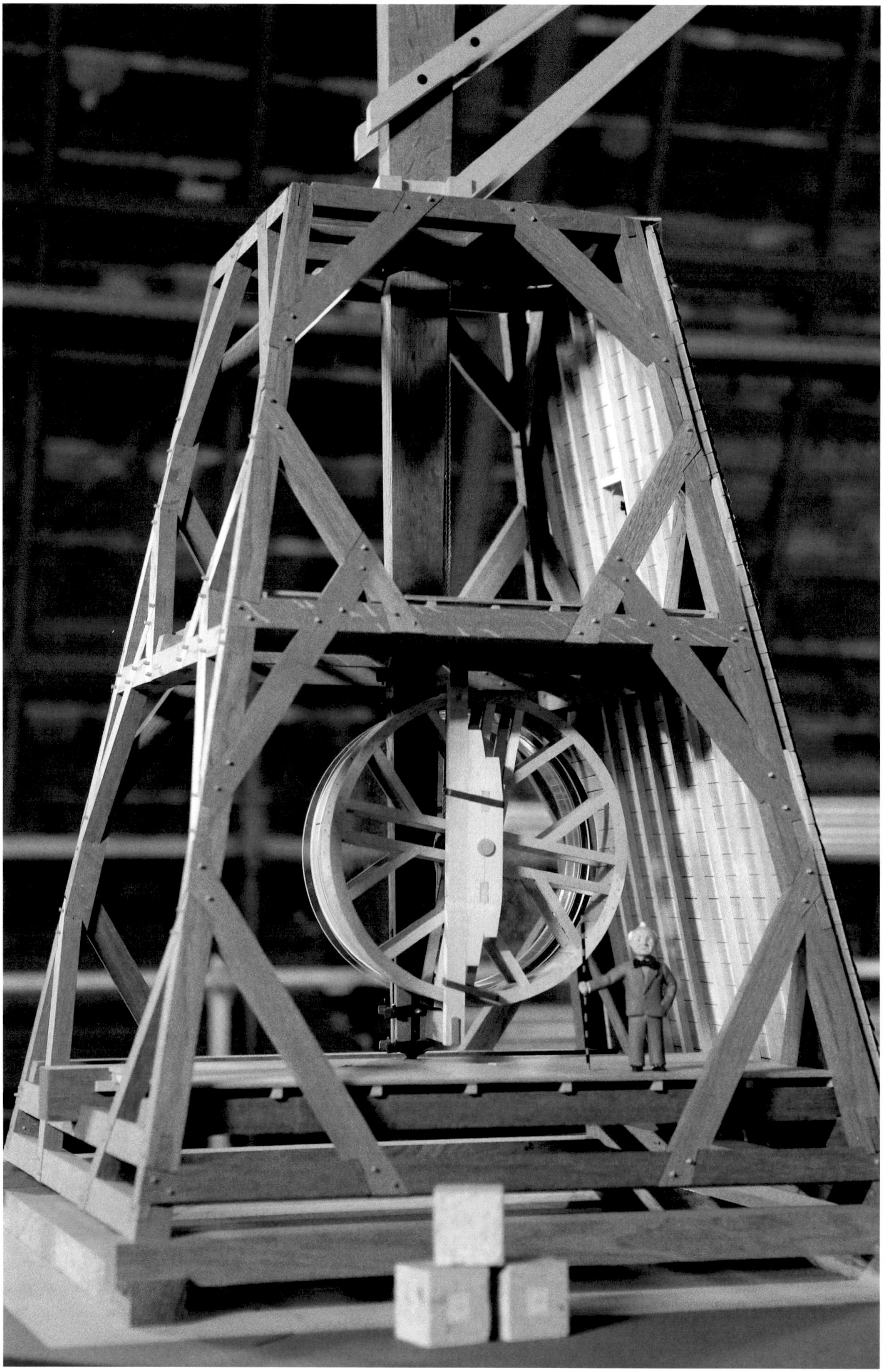

len, sich nicht so realisiren. Alle großen Sachen, die nur zu groß angefangen werden, scheitern, wo nicht im Entwurfe, doch gewiß im Werke selbst!"

1828 erwähnt den Kran auch Johanna Schopenhauer in ihrem „Ausflug nach Köln" ebenso wie Hermann Melville. Melville ist 1849 in Köln und schreibt fasziniert in sein Tagebuch von dem „berühmten Dom, wo der immerwährende Kran auf dem Turme steht". Später macht der berühmte Schriftsteller den Kran

Ansicht des Doms von Westen, bevor 1842 mit dem Weiterbau begonnen wurde

auch in seinem großen Roman „Moby Dick" an einer Stelle zum Thema.

Als der Nordturm 1867 die Höhe des Südturms erreicht, beginnen auch dort die Arbeiten. Der Kran ist im Weg. Am 2. März 1868 fangen die Handwerker der Dombauhütte an, das Kölner Wahrzeichen zu demontieren. „Unter dem weittönenden Abschiedsgruß der beim Abbau beschäftigten Mannschaften und in Gegenwart einer großen Menschenmenge wird am 13. März, nachmittags um 15.15 Uhr, der letzte Balken niedergelassen", heißt es in einem zeitgenössischen Augenzeugenbericht.

40 Jahre später erscheint am 1. März 1908 ein Artikel, in der die Geschichte des Domkrans und seines Verschwindens zum Thema gemacht wird. Unter anderem beschäftigt sich das Blatt mit der Frage, was aus den Resten des Domkrans geworden ist.

„In jener Zeit waren die Kölner sehr erpicht darauf, sich irgendein Andenken an den Domkran zu sichern und zum Teil kauften praktische Geschäftsleute viele der alten wetterfesten Balken auf, um sie zweckentfremdet zu ver-

WAS WURDE AUS DEM DOMKRAN?

wenden." Schon bald seien in verschiedenen Geschäften kleine Sächelchen aufgetaucht, die aus dem Holz des Domkrans gefertigt oder gar geschnitzt gewesen seien. Sie hätten die Aufschrift „Andenken an den Domkran getragen". Aber auch manche Möbelschreiner, Besitzer von „Altertümerhandlungen", Antiquitätenhändler und Holzbildhauer hätten Holz des Domkrans gekauft. Im „Stadtanzeiger" heißt es:

„Aus diesen Hölzern ist im Laufe der Jahre manches, antike Möbel, manch Zierschränckchen, manche Truhe und dergleichen, mancher Gegenstand von großem Kunstwert gefertigt worden, der heute als uraltes Möbel in der Sammlung dieses oder jenes Kunstfreundes als Sehenswürdigkeit prangt. Wenn solche Kunstgegenstände auch in Wirklichkeit lange nicht das Alter haben, das man ihnen bemißt, so sind sie doch insoweit wertvoll, als sie Andenken an den alten Domkran sind!"

Nicht viele dieser „Gegenstände von großem Kunstwerk" aus dem Holz des Domkrans haben die unruhigen Zeiten des 19. Jahrhunderts überstanden. In den Bombennächten des Zweiten Weltkriegs werden mit den Häusern Kölner Familien auch die Erinnerungstücke an vergangene Ereignisse ein Raub der Flammen geworden sein. Vor einigen Jahren gelang es dem damaligen Dombaumeister Professor Arnold Wolff nach einer Annonce in einer regionalen Tageszeitung, die aus dem Holz des Krans geschnitzte Nachbildung des Krans im Kleinformat zu erwerben. Ebenfalls aus diesem Material ist ein etwa 60 cm hohes Kreuz, das dem Dom gehört.

Auf abenteuerlichen Wegen ist der Dom vor einigen Jahren in den Besitz eines jener Möbelstücke gekommen, von denen in dem Zeitungsartikel von 1908 die Rede ist.

Die Geschichte beginnt mit einem Anruf in der Dombauverwaltung. Am Telefon ist ein älterer Herr, seit Jahrzehnten Mitglied im Zentral-Dombau-Verein und dem Dom eng verbunden. Er erzählt von einer alten Freundin, deren Schwester seit Jahren in Spanien lebe. Die Freundin habe ihm berichtet, dass die Schwester einer Bekannten, ein „echt kölsch Mädche" wie sich später herausstellen wird, einen geschnitzten Stuhl besitzt. Dieser sei, so berichtet der Anrufer, nachweislich aus dem Holz des

EIN STUHL REIST UM DIE WELT

Domkrans gefertigt worden. Weil sich die Familie der Frau, die am Kölner Klingelpütz eine bekannte Ofenfabrik besessen habe, sehr bei der Feier zur Domvollendung 1880 eingesetzt habe, hätten die Eltern dieses Möbelstück erhalten. Die Dame sei in ihrem Leben viel in der Welt herumgekommen. Stets habe der Stuhl sie begleitet. Nun denke sie darüber nach, dieses besondere Stück dem Dom zu schenken.

Einige Tage später ist es soweit: Gut verpackt erreicht das historische Stück nach einer langen Fahrt von 2000 km seinen Bestimmungsort. In der Dombauverwaltung wird das Paket geöffnet. Herauskommt ein aufwendig geschnitztes Möbelstück mit originaler Polsterung. Nach Stationen in Singapur und Spanien ist der Sessel wieder dort, wo er entstanden ist – im Dom zu Köln.

FOTO LINKS *Löwenkopf; Detail des Stuhls, der aus dem Holz des Krans geschnitzt wurde* UNTEN LINKS *Das Modell des Domkrans aus „Kranholz" konnte der frühere Dombaumeister Arnold Wolff auf eine Zeitungsannonce hin erwerben.* UNTEN RECHTS *Im Besitz des Doms befindet sich das Kreuz, das ebenfalls aus dem Holz des Krans gefertigt wurde.* RECHTE SEITE *Der Stuhl aus dem Holz des Krans ist nach seiner Reise durch viele verschiedene Länder dem Dom geschenkt worden.*

DER DOM IM BILD: ES BEGINNT MIT EINER GLASPLATTE

06

Blick auf die Baustelle des Doms: Das Dach ist fertig. Jetzt geht es an den Ausbau der Türme.

Der Dom in seiner Größe und Schönheit ist einzigartig. Das hat sich überall in der Welt herumgesprochen. So kommen jedes Jahr Millionen Menschen aus aller Herren Länder nach Köln, um die Kathedrale zu sehen. Viele als Touristen, andere als Pilger und Beter.

Unzählige Besucher versuchen ihre Eindrücke in Fotos festzuhalten. Dank moderner Handys, mit denen man auch telefonieren, vor allem aber fotografieren kann, ist die Zahl der vom Dom geschossenen Fotos nicht mehr zu

In der Bauzeit entstanden spektakuläre Fotos. Die Gebrüder Schönscheidt, Anselm Schmitz und Vater und Sohn Creifels waren würdige Nachfolger von Franz Michiels.

zählen. In Zeiten, als an Digitalkameras und Smartphones noch nicht zu denken war und Fotografen in ihre Kamera tatsächlich noch einen Film einlegen mussten, verkaufte ein unweit des Doms ansässiges Fotogeschäft pro Jahr nach eigenen Angaben, grob geschätzt, etwa 300 000 Filme. Bei 36 Aufnahmen pro Film waren das 10 800 000 Aufnahmen jährlich. Ob auf diesen Fotos nur Dommotive waren? Wer weiß das schon genau? Aber man bekommt einen Anhaltspunkt für die inzwischen

sicherlich rasant gestiegene Zahl der vom Dom gemachten Fotos. Und was die Smartphone-Generation wahrscheinlich kaum noch weiß: Fotografieren kostete Geld.

Wenn sich auch die Rahmenbedingungen geändert haben und mancher Fotoprofi alter Schule sich die Haare rauft angesichts der Vollautomatisierung, dank derer heute nahezu jeder passable Bilder „schießen" kann, eines hat sich nicht verändert: Immer noch muss, wer fotografieren will, den Standort variieren, um das Objekt wunschgemäß aufs Bild zu bekommen. Nicht viel Mühe im Vergleich zu früher, als Blende, Zeit und ASA „Techniken" waren, mit denen der Fotograf die Qualität seiner Aufnahme gestalten konnte.

Es gehört zu den unterhaltsamen Schauspielen rund um den Dom, Menschen zu beobachten, die die Kathedrale mitsamt ihren Türmen ablichten wollen. In der Regel stehen die „Experten" in Höhe der Kreuzblume und merken beim Blick durch den Sucher oder auf den Bildschirm, dass der „Dom nicht draufpasst". Also wandern sie einige Meter die Burgmauer hinauf, bleiben stehen, fokussieren – und gehen weitere Schritte rückwärts. Schließlich sollen die beiden Türme mit ihren Spitzen und möglichst ohne stürzende Linien auf den Speicherchip gebannt werden. Das gleiche Schauspiel wiederholt sich noch mehrmals, hin und wieder unterbrochen durch den Versuch, auf dem Rücken liegend die gewünschte Perspektive erlangen zu können.

Dank der Freundlichkeit eines Kölner Weihbischofs, der an seinem Wohnhaus eine Markierung hat anbringen lassen, die auf den optimalen Punkt hinweist, um die Westfassade des Doms in ihrer vollen Pracht und Schönheit abzubilden, hört die Standortsuche an dieser Stelle auf.

Wohin wird die Entwicklung der nahezu jederzeit verfügbaren digitalen Fotografie noch hinführen? Kein Experte wagt eine verlässliche Prognose. Was wir freilich wissen, ist, wie alles mit der Fotografie am Dom begonnen hat.

Auch wenn Johann Franz Michiels ein Visionär war, der seinen erlernten Beruf als Bildhauer aufgab, um sich ganz der Fotografie zu widmen, wird er in seinen kühnsten Träumen keine Vorstellung davon gehabt haben, wie „einfach" es einmal sein würde, den Dom zu „knipsen". Als der aus Brügge stammende 30-jährige Michiels am Vormittag des 29. Juni 1853 auf den Turm der Kirche Groß St. Martin steigt, ist er schwer bepackt. Es ist das Fest Peter und Paul. In Köln ein Feiertag. Überall ruht

23,5 x 32 cm groß ist die Aufnahme, die Michiels an diesem Morgen belichtet und damit eine einzigartige Szenerie auf die Platte bannt. Nie zuvor ist der Dom und seine Umgebung in dieser Totalen fotografiert worden.

Michiels ist nicht der Erste, dem eine Stadtaufnahme gelingt. Schon sechs Jahre zuvor, 1847, hat der aus dem schottischen Edinburgh stammende John Muir Wood unter anderem von Deutz aus das Stadtpanorama mit dem unvollendeten Dom im Bild festgehalten.

JOHANN FRANZ MICHELS: PIONIER DER DOMFOTOGRAFIE

die Arbeit. Auch auf der Dombaustelle haben die Steinmetze frei. Das Wetter ist gut, die Voraussetzungen für seinen verwegenen Plan sind hervorragend. Heute will er die erste Gesamtansicht des Kölner Doms fotografieren. Michiels schleppt eine große Kamera samt Stativ die engen Treppen zum Turm hinauf. Dann holt er das erforderliche Dunkelkammer- und Labormaterial nach oben. Die Aufnahme, die er machen wird, muss anschließend an Ort und Stelle entwickelt werden.

Vor einem Jahr hat der Belgier seine ersten Fotos in Köln auf Glas gebannt. Im Auftrag des cleveren Verlegers Franz Carl Eisen, der als Erster in Deutschland das Verkaufspotenzial für das Fotografieren erkennt, lichtet er die erst wenige Jahre zuvor eingebauten Domfenster im südlichen Seitenschiff ab. Die Stiftung dieser Fenster hat der bayrische König Ludwig II. bei der Grundsteinlegung des Doms 1842 versprochen. Sechs Jahre später, anlässlich der 600-Jahr-Feier der ersten Grundsteinlegung am 14. August 1248 ist das Versprechen erfüllt. Die fünf gläsernen Kunstwerke werden geweiht und begeistern die Betrachter. Eisen verkauft die Bilder gut. Das Interesse ist groß. Viele Touristen, insbesondere aus England, kommen in die Stadt, um mit eigenen Augen das Wunder von Köln zu sehen: die Vollendung des gewaltigen Bauwerks, das Jahrhunderte zwar eindrucksvoll, aber als Torso die Silhouette der Stadt geprägt hat.

Johann Franz Michiels (1823–1887), der Fotopionier

Bislang gilt dieses Foto als älteste fotografische Stadtansicht. Doch liegen Welten zwischen den Arbeiten der beiden Männer.

Was mag Michiels empfunden haben, als er an diesem Mittag gegen 12.40 Uhr – diesen Zeitpunkt hat der frühere Dombaumeister Professor Arnold Wolff aufgrund des Schattenwurfs errechnet – das Licht durch ein eigens konstruiertes Objektiv auf die Glasplatte mit der lichtempfindlichen Beschichtung bis zu 90 Sekunden lang fallen lässt? War er sich der Bedeutung dieses Augenblicks bewusst? Der Fotopionier hat keine Aufzeichnungen hinterlassen, jeden-

FOLGENDE DOPPELSEITE *Als „Inkunabel der Fotografie" hat der frühere Dombaumeister Professor Arnold Wolff diese Domaufnahme bezeichnet, die Michiels am 29. Juni 1853 gemacht hatte.*

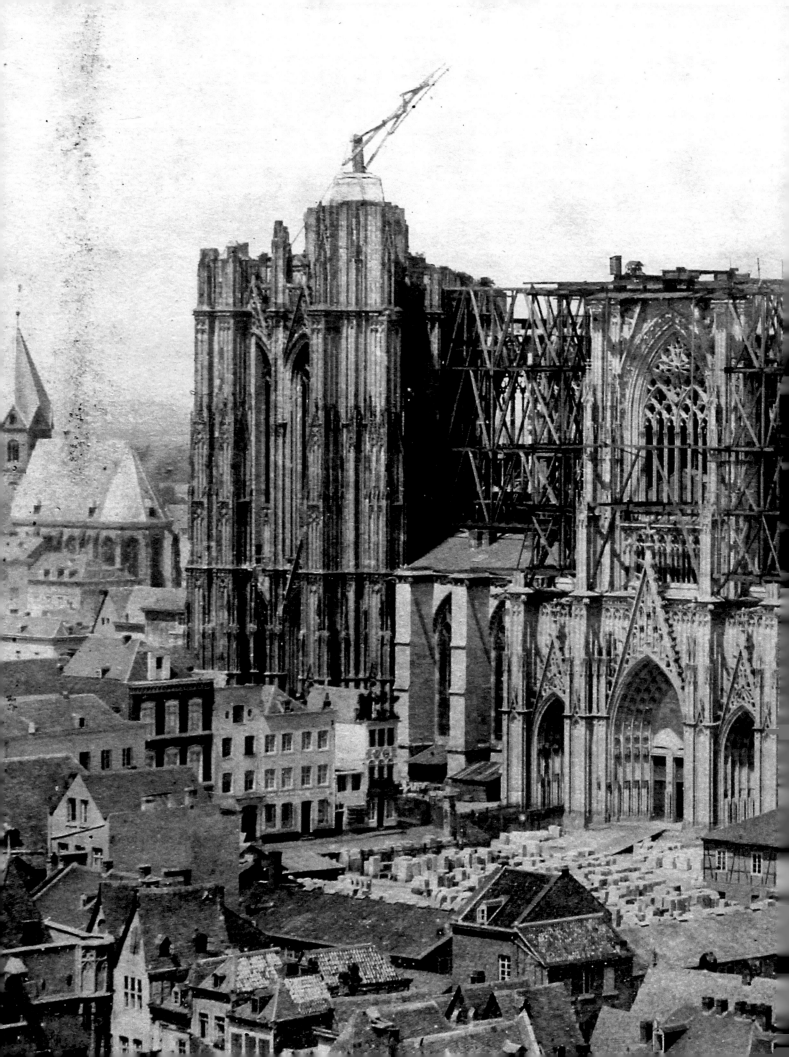

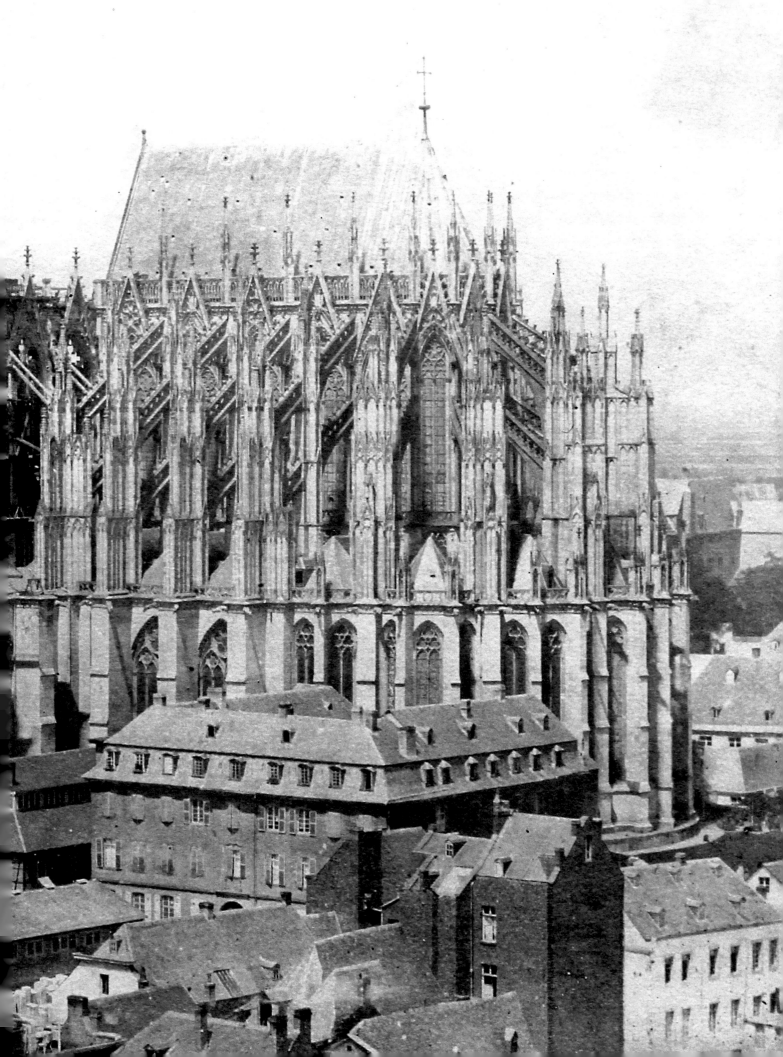

falls ist davon nichts bekannt. Nach heutigem Maßstab hat Michiels ein 90-mm-Objektiv verwendet, um die 350 m entfernte Dombaustelle perspektivisch korrekt abzubilden. Für Arnold Wolff, der 1980 ein wundervolles Buch mit dem Titel „Dombau in Köln" herausgegeben hat, das die Geschichte der Domvollendung anhand historischer Fotoaufnahmen erzählt, ist die Michiels-Fotografie vom Peter-und-Paul-Tag 1853 die „Inkunabel der Domphotographie". Wolff schreibt fasziniert:

Michiels-Aufnahme des Südportals des Doms

„Der Platz vor dem Südportal ist fast völlig eingezäunt und mit großen Quadern der Dombauhütte bedeckt. Keine menschliche Person ist sichtbar. Es liegt eine friedliche Stille über diesem Bild, mit dem der Kölner Dom in das Zeitalter der Photographie eintritt."

Begeistert ist auch die Öffentlichkeit. Welche Wirkung Michiels' Aufnahme hat, die bei Eisen zum Preis von 2 Talern, mehr als ein Steinmetz am Dom als Tageslohn bekommt, verkauft wird, kann man der „Kölnischen Zeitung" vom 17. September 1853 entnehmen:

„Mit der Loupe kann man den Bau bis in seine kleinsten architektonischen Details verfolgen, dabei macht das ganze den Eindruck einer mit künstlerischem Geschick gefertigten Sepia-Zeichnung, welche in Bezug auf die Genauig-

LOB VON ALLEN SEITEN

keit natürlich nichts zu wünschen übrig läßt. Es ist ein schönes Gedenkblatt des Baues im Jahre 1853 und kann bei der Billigkeit des Preises (2 Thlr.) sicher, wie es verdient, auf recht viele Abnehmer zählen, denn niemand wird demselben seine Anerkennung versagen."

Der Autor des „Deutschen Kunstblattes" bemerkt: „Unter dem schönsten Blau des ungetrübten Himmels zeichnet das Licht als zuverlässiger Bleistift das Bild des Doms auf seine Platte. Das Bauwerk ist in seltener Vollkommenheit und Genauigkeit abgebildet."

Am 15. Dezember des Jahres 1853 wird Friedrich Baudri im „Organ für christliche Kunst" Michiels und besonders den Verleger Eisen in den höchsten Tönen loben.

„Während wir im Gebiete der bildenden Kunst auf mechanische Produktionen grundsätzlich wenig Werth legen, da sie stets, auch bei der höchsten technischen Vollendung, einer der wesentlichen Eigenschaften entbehren, welche Kunstwerke vor allen anderen Erzeugnissen auszeichnen, müssen wir doch jene Leistungen ausnehmen, mit denen uns die Fortschritte der Photographie bereichert haben. Gewohnt, dergleichen aussergewöhnliche Darstellungen nur aus Frankreich oder England zu empfangen, ist es um so erfreulicher, dass die so thätige Verlagshandlung von F. C. Eisen, es unternommen habe, auch auf diesem Felde dem deutschen Namen einen ehrenvollen Platz anzuweisen."

Unter der meisterhaften Leitung des Herrn Michiels seien bereits die interessantesten An-

Ein Motiv aus Michiels' Domalbum von 1855: großformatige Aufnahme des Petersportals

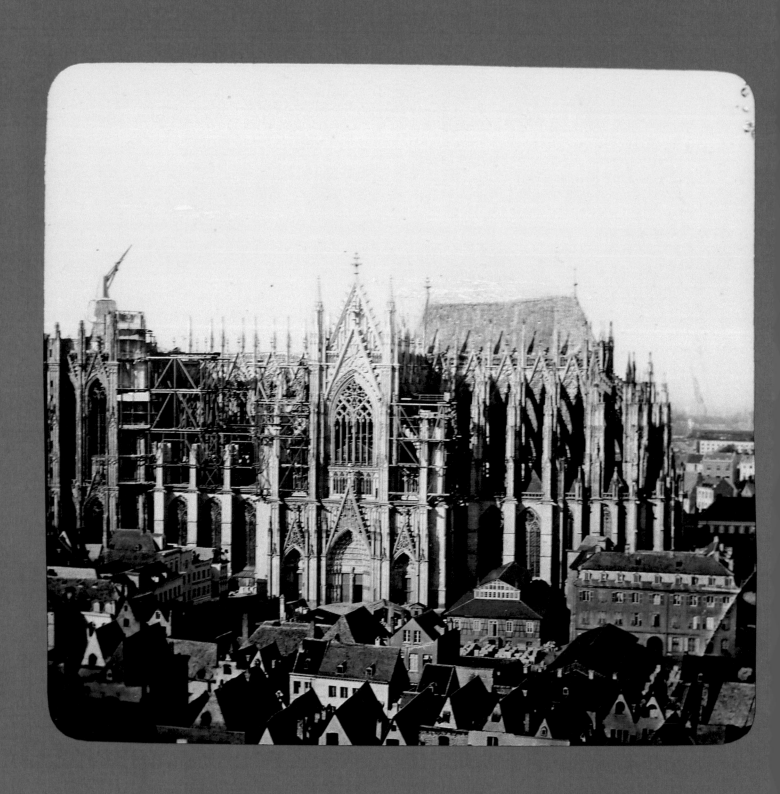

sichten unseres Domes sowie sämtliche Glas-gemälde aus den beiden Seitenschiffen erschie-nen. Baudri fährt fort:

„Diesen Abbildungen, so wie den herrli-chen architektonischen Blättern derselben Aus-gabe sieht man es an, dass in dieser Richtung die Photographie Einziges zu leisten berufen ist, und müssen wir es deshalb dankend anerken-nen, dass Hr. F. C. Eisen sich die Aufgabe ge-stellt hat, ein photographisches Album heraus-zugeben, in welchem die besten Meisterwerke älterer Künstler, so wie die hervorragendsten Baudenkmale im Ganzen, wie in den Details aufgenommen werden sollen."

Michiels, seit 1854 in Köln wohnhaft und seit 1855 preußischer Staatsbürger, erhält für seine Leistung internationale Anerkennung. Auf der Weltausstellung in Paris 1855 präsen-tieren Fotografen vieler Länder ihre Arbeiten. Michiels stellt sechs große Blätter im Format 48 x 55 cm mit verschiedenen Dommotiven aus. Dafür wird er mit einer Medaille der ersten Klasse ausgezeichnet.

Der Verlag F. C. Eisen, der seinen Sitz dort hatte, wo heute das Domhotel steht, vermark-tet die Arbeiten von Michiels professionell. In einer Anzeige im Domblatt heißt es: Das Ge-schäft ist „für die geehrten Reisenden von Morgens 6 Uhr bis Nachts 11 Uhr, von Mai bis November" geöffnet.

Neben der Domansicht, die als Abzug auf Salzpapier, aufgeklebt auf einen zweisprachig beschrifteten, goldumrahmten Karton, verkauft wird, können Interessierte diverse Alben mit Ansichten des Doms und der Stadt erwerben. Arbeiten von Michiels sind heute gesuchte Ra-ritäten. Insbesondere die „Inkunabel der Dom-photographie", jene Aufnahme vom 29. Juni 1853, ist von größter Seltenheit. Neben dem Britischen Museum in London, dem Landesmu-seum in Koblenz und dem Kölnischen Stadtmu-seum befindet sich ein Exemplar in Privatbesitz. Um ein fünftes Foto gab es vor einigen Jahren auf einer Auktion in Köln ein heftiges Bieter-gefecht. Schließlich erfolgte der Zuschlag für das Exemplar bei rund 10 000 Euro.

1857 verlässt Johann Franz Michiels Köln und kehrt für einige Jahre nach Brügge zurück. Ab 1860 arbeitet er in Brüssel in einem eigenen Unternehmen. Immer wieder besucht er Köln, wo seine Töchter leben. 1886 zieht er endgültig in die Domstadt zurück, wo er am 21. Januar 1887 stirbt.

In den Gebrüdern Schönscheidt, die ab 1861 in Köln fotografieren, in Theodor Crei-fels (Vater und Sohn) sowie später in Anselm Schmitz bekommt Michiels würdige Nachfol-ger. In erster Linie sind es die genannten Fo-tografen, die in den Jahrzehnten, in denen der Dom seiner Vollendung entgegengeht, den Baufortschritt mit der Kamera dokumentieren und so der Nachwelt überliefern.

Blick von der Hohenzollernbrücke über die Bahngleise auf den Ostchor der Kathedrale. Noch reichen die Türme nicht über den ältesten Teil des Doms hinaus.

Michiels, der bedeutende Fotopionier, ist in seiner Wahlheimat Köln weitgehend in Vergessenheit geraten. In einem vor Jahren er-schienenen Lexikon der 1000 bedeutendsten Kölner, sucht man seinen Namen vergebens. Er lebt in seinen Fotos weiter.

LINKE SEITE *Aufnahme (Glasplatte) aus der Frühzeit der Bauarbeiten am Dom*
FOLGENDE DOPPELSEITE *Ausschnitt aus der Gesamtansicht, die Michiels von Köln gefertigt hat*

90 | 91

SKURRILES
AM DOM

07
___

Verewigt am Dom – der langjährige Hüttenmeister Anton Meid in klassischer Haltung: das Handy am Ohr und den Fuß im „Fettnapf"

Eine Stripteasetänzerin am Dom? Das gibt es doch nicht! Skandal! Oder vielleicht doch? Wer einmal in den Genuss einer Führung über die Dächer der Kathedrale gekommen ist, der ist der drallen Dame mit der großen Oberweite vielleicht schon einmal begegnet. Sie hat ihren Platz am Dom hoch oben auf dem nördlichen Querhaus in direkter Nachbarschaft von vier Fußballspielern, von denen einer die Gesichtszüge Wolfgang Overaths tragen soll. Ob die in Stein verewigte Tänzerin ebenfalls einem Vor-

res. Als Köln in Trümmern liegt und auch der Dom schwer an seinen von Bomben und Granaten geschlagenen Wunden trägt, leitet Weyres die Instandsetzung der Kathedrale. Nach der Nazidiktatur und den Schrecken des Krieges möchten die Menschen nach 1945 einen Neuanfang. Von diesem Denken ist auch der Dombaumeister geprägt.

Einer, der Weyres noch gut kennt, ist der heute 78-jährige Anton Meid. Von Oktober 1964 bis zum Eintritt in den Ruhestand 2002

Auch eine barbusige Striptease-Tänzerin hat ihren Platz am Dom gefunden.

Der Bildhauer Toni Heiermann hat in den 1960er-Jahren am Dom gearbeitet. Von ihm stammt dieser weibliche Wasserspeier.

bild aus dem wirklichen Leben nachempfunden ist, hat der Künstler aus der Dombauhütte, der dieses Kapitel aus dem Stein herausgearbeitet hat, nie verraten.

Bekannt ist dagegen, wer das Vorbild für die Schöne im Evakostüm ist, die seit einigen Jahrzehnten – wohl ein wenig versteckt – auf der Bahnhofsseite des Doms als Wasserspeier ihren Dienst tut. Bevor ihr Gatte ein bedeutender Bildhauer wird, verdient Theo Heiermann in der Dombauhütte als Steinbildhauer sein Geld. Es ist die Zeit von Dombaumeister Willy Wey-

hat Meid am Dom gearbeitet. Mehr als 30 Jahre lang war der Steinmetzmeister als Hüttenmeister der direkte Vorgesetzte der Mitarbeiter in der Dombauhütte. Meid erinnert sich noch lebhaft an seinen alten Chef, der ihn damals nach einem kurzen Vorstellungsgespräch per Handschlag einstellt. „Weyres war ein ruhiger, sehr kluger Mann, der genau wusste, was er will. Er hat den Steinbildhauern in der Nachkriegszeit

An der Nordfassade des Doms tummeln sich die unterschiedlichsten Gestalten aus Stein.

eine große Freiheit zugestanden. Sie konnten beinahe machen, was sie wollten", sagt Meid. Die Zeit nach dem Krieg sei eine Zeit des Aufbruchs gewesen. „Wir alle wollten eine neue Welt schaffen." Dieses Streben drückt sich am Dom in der künstlerischen Vielfalt bei der Gestaltung von Kreuzblumen und Kapitellen aus. Gerade auf der Nordseite der Kathedrale, die unter den Kriegseinwirkungen besonders gelitten hat, ließen die Steinbildhauer ihrer Fantasie freien Lauf. Wer heute vom Bahnhof kommt

sich von der Kunst des ‚Hundertjährigen Reiches‘ völlig unterschied."

Bei Heiermanns vollbusiger Schönheit hat sich Weyres dann doch ein wenig schwergetan, dieses eigenwillige Kunstwerk unmittelbar nach der Fertigstellung am Dom anbringen zu lassen. „Jahrelang hat die Figur im Hof der Dombauhütte gestanden. Von meinem Schreibtisch aus hatte ich einen guten Blick auf das Meisterwerk", sagt Meid schmunzelnd. „Blut und Wasser" habe er allerdings geschwitzt, als ei-

Die Toten steigen aus den Gräbern; Szene am Westfenster

Detail des bronzenen Schutzgitters auf der Domsüdseite

und aufmerksam die Nordfassade betrachtet, der sieht mit bloßem Auge die Kunstwerke aus jener Zeit, die überall zu finden sind und mit größter Sorgfalt und handwerklicher Qualität ausgearbeitet wurden. „Um zu verstehen, warum es diese Kunst am Dom gibt, muss man sich in die damalige Zeit zurückversetzen. Die Künstler am Dom wollten etwas Neues schaffen, etwas Freies, etwas Fröhliches, etwas, das

nes Tages Kardinal Frings in der Dombauhütte fürs Fernsehen interviewt wurde. „Wo haben die Journalisten den greisen Bischof positioniert? Natürlich genau vor der nackten Dame." Wochenlang habe er damit gerechnet, dass es deswegen Ärger von höchster Stelle geben würde. „Als dieser ausblieb, haben wir den Wasserspeier flugs am Dom angebracht. Seitdem betrachtet Theo Heiermanns Werk die Welt von oben und niemand hat sich je darüber beschwert."

Als Arnold Wolff 1972 das Amt des Dombaumeisters in der Nachfolge von Willy Wey-

OBEN LINKS *Der leibhaftige Anton Meid und das Modell, das ihn darstellt* DARUNTER *Der frühere Dompropst Dr. Norbert Feldhoff und Dombaumeisterin i.R. Professor Barbara Schock-Werner haben ebenfalls auf der Südseite des Doms ihren Platz.* OBEN RECHTS *Detail am Zaun auf der Südseite* DARUNTER *Ist es ein Engel oder ist es ein Kind, das an der Nordfassade mit einem Wolf spielt?*

res übernimmt, kennt er die Kathedrale und die Abläufe in der Hütte schon seit Jahren. Als langjähriger Assistent des Dombaumeisters ist er bestens vorbereitet. „Kurz nach seinem Amtsantritt kommt Professor Wolff eines Tages in mein Büro. ‚Herr Meid', sagt er, ‚müssen wir eigentlich in dieser Art weitermachen?' Mir war klar, was er meint. Ich sage: ‚Nein, Herr Dombaumeister. Wir können auch anders arbeiten.' ‚Gut, dann werden wir das ab sofort auch tun.'" Seit diesem Tag ist Schluss mit den freien Arbeiten an der Kathedrale. Seither wird erneuert, was vorhanden ist, und was fehlt, wird nach den erhaltenen historischen Vorlagen neu geschaffen. Seither gibt es am Dom keine neuen Fußballer, Stripteasetänzerinnen, Sonnen, Zirkusartisten, Skelette, die aus Gräbern steigen, Eulen und dergleichen mehr.

Meid räumt ein, dass die Anordnung des Dombaumeisters befolgt, aber hin und wieder auch Ausnahmen gemacht worden sind. „Am Dom gibt es auch ein Porträt von Arnold Wolff. Nicht groß, aber markant. Das haben wir während des Urlaubs des Dombaumeisters am Dom angebracht. Obwohl das Kapitell klein und in großer Höhe angebracht ist, hat Wolff es sofort nach seinem Urlaub vom Bahnhof aus kommend registriert. So vertraut war ihm der Dom, dass er selbst kleinste Veränderungen bemerkt hat", sagt Meid mit größter Hochachtung für seinen alten Chef.

Arnold Wolff dürfte neben Prälat Feldhoff der Einzige sein, von dem es gleich zwei Darstellungen am Dom gibt. Der in diesem Jahr verstorbene Künstler Paul Nagel hat Wolff in dem geschmiedeten Zaun auf der Südseite des Doms verewigt. Neben Blumen aus Metall, die an den Zaun angebunden zu sein scheinen oder Hähnen und das Böse symbolisierenden Schlangen, findet man beim genauen Hinschauen auch einen sich anschleichenden Wolf. Dieser ist hinter drei Prälaten her, zwei dicken und einem dünnen langen. Der Lange, der ein Geldstück in seinen Händen trägt, steht für Norbert Feldhoff. Zur Entstehungszeit des geschmiedeten Kunstwerkes war Feldhoff nicht nur Domkapitular, sondern auch seit Jahrzehnten Generalvikar und damit mitverantwortlich für die Finanzen des Bistums, hinter denen Wolff zugunsten seines Doms her war.

Hin und wieder sind in den vergangenen Jahren freie Arbeiten – von den Künstlern der Hütte geschaffen – an den Stellen des Doms angebracht worden, für die es keine Vorlagen gab. Auf diese Weise haben auch Dompropst Dr. Norbert Feldhoff und Dombaumeisterin Professor Barbara Schock-Werner als steinerne Büsten ihren Platz an einem Pfeiler der Kathedrale gefunden. Und auch Arnold Meid ist in einer für ihn typischen Pose in Stein gehauen am Dom platziert: Mit der Baskenmütze auf dem Kopf, das Handy am Ohr und den rechten Fuß in einem Gefäß, das Meid selber lächelnd als Fettnapf identifiziert.

Anspielung des Künstlers auf Dombaumeister Arnold Wolff, der den Prälaten im Domkapitel Geld für die Unterhaltung der Kathedrale „abjagen" will

Also, beim nächsten Gang um den Dom Augen auf oder noch besser: Lassen Sie sich bei einer der empfehlenswerten Führungen über die Dächer der Kathedrale die Stein gewordene Fantasie der Dombildhauer zeigen.

DER TOD HAT EINEN NAMEN

NAMEN

08

Verwundete Soldaten nach der Schlacht bei Waterloo in einem Lazarett (Detail aus einer zeitgenössischen Darstellung)

Sanft gewellte Felder mit reifendem Getreide bestimmen im Frühsommer die Landschaft um die kleinen belgischen Ortschaften Belle Alliance und Waterloo. Die Zeit hat die schrecklichen Wunden geheilt, die die entsetzlichen Schlachten im Juni des Jahres 1815 geschlagen haben. Wären nicht die vielen Denkmäler und Erinnerungssteine an Straßenrändern und inmitten von Feldern, gäbe es nicht den gewaltigen löwenbekrönten Hügel, von dem aus sich das damalige Schlachtfeld überblicken lässt,

Waterloo: Hier tobte vor mehr als 200 Jahren eine entsetzliche Schlacht.

nichts würde mehr daran erinnern, dass hier viele, viele Menschen den Tod fanden.

Am Abend des 18. Juni 1815 liegen Zehntausende Preußen, Belgier, Engländer, Hannoveraner, Franzosen, Niederländer und Polen tot oder schwer verwundet auf der blutgetränkten Erde. Es ist unmöglich, die vielen gefallenen Soldaten zu begraben. Mit kirchlicher Sondergenehmigung werden die Toten zu Stapeln aufgeschichtet und verbrannt. An diesem Abend des 18. Juni ist es mit der Herrschaft Napoleons endgültig vorbei. Der Versuch des kleinen Korsen, zurück aus dem Exil von der Insel Elba, die Macht wieder zu erobern, endet auf den Feldern von Waterloo und Belle Alliance. Unter denen, die den Sieg gegen Napoleon mit dem Leben bezahlen, ist ein einziger Soldat aus Köln: Lorenz Call.

Längst wäre der Musketier des 1. Westpreußischen Infanterieregiments vergessen, wäre sein Name nicht in einem Domführer erwähnt.

1821 erscheint in Köln die „Historische Beschreibung der berühmten hohen Erz-Domkirche zu Cöln am Rhein". Es ist der erste Domführer überhaupt – sieht man von der 1645 erschienenen Stadtgeschichte des Aegidius Gele-

nius einmal ab (unzählige weitere werden in den kommenden Jahrzehnten folgen). Mit großer Akribie und in aller Ausführlichkeit beschreibt der Autor A.E. d'Hame das Bauwerk mit seinen Merk- und Sehenswürdigkeiten. Er nimmt den Leser mit auf einen Rundgang durch die Kathedrale und beschreibt, was er sieht. Nichts ist zu banal, um nicht erwähnt zu werden. So liest man auf Seite 267:

„An der nächsten Säule, östlich, hängt eine oben gerundete Holztafel, worauf geschrieben:

Blick vom Löwenhügel auf das ehemalige Schlachtfeld

‚Aus diesem Kirchspiele starb für König und Vaterland Lorenz Call, Musketier im 1. Westpreußischen Infanterieregiment.'" Erklärend fügt der Autor hinzu: „Dieser Call war der einzige Kölner, der an dem so heißen 18. Juni auf dem Schlachtfelde von Waterloo den Tod fand, und diese ist daher auch die einzige, aber nur zu kurz gefaßte Gedächtnistafel über diese, so wichtige Begebenheit hier aufgestellt ist."

Dass d'Hames Angaben nicht ganz korrekt sind, wird sich zeigen. Mit seinem Hinweis bekommt der tausendfache Tod auf den belgischen Schlachtfeldern bei Waterloo allerdings einen Namen. Wie kommt es aber, dass nicht einem siegreichen Feldmarschall oder General, sondern dem einfachen, kleinen Soldaten, einem „kölschen Jong", in der Kathedrale eine, wenn auch, wie d'Hame kritisch anmerkt, „zu kurz gefaßte Gedächtnistafel", gewidmet wird?

Wahrscheinlich gibt es 1815 viele Kölner, die in ihren Herzen noch Anhänger Napoleons sind. Seit die Franzosen 1794 die Herrschaft in Köln übernommen haben, hat sich das Leben in der Stadt verändert. Die Säkularisation hat die Macht der Kirche gebrochen und ein neues Stadtbild geprägt. Viele Klöster und Gotteshäuser sind aufgehoben und abgebrochen. Positiv wird die funktionierende Verwaltung und Justiz wahrgenommen. Zahlreiche Kölner haben in Napoleons Armee gedient. Auf dem

Krieg ziehen. Der Beginn des nächsten Krieges ist nur eine Frage der Zeit: Am 1. März 1815 ist Napoleon mit 1000 Mann von Elba kommend in Südfrankreich eingetroffen. Ohne auf nennenswerten Widerstand zu stoßen, marschiert er auf Paris zu. Je näher er auf die französische Hauptstadt zurückt, umso größer wird die Zahl seiner Anhänger. Der Korse schickt sich an, seine ehemalige Stellung als Kaiser von Frankreich zurückzuerobern. Die europäischen Mächte, allen voran Preußen und England, sind alar-

ZUERST DIE FRANZOSEN, DANN DIE PREUSSEN

Kölner Friedhof Melaten erinnert noch heute ein monumentales Denkmal an die „Kameraden, die aufseiten Napoleons gekämpft haben und für ihn gestorben sind". Kölner Veteranen aus Napoleons Armee haben das Denkmal in den 1830er-Jahren finanziert und aufgestellt.

Als schlesische und russische Truppen unter dem preußischen Generalfeldmarschall Blücher in der Neujahrsnacht 1813/14 bei Kaub über den Rhein setzen, geht die Zeit der französischen Besatzung rapide dem Ende zu. Eilig ziehen sich die verbliebenen französischen Truppen auch aus Köln zurück. Am 15. Januar sind die Gegner Napoleons in Köln. In einem Aufruf an die „Bewohner von Köln!" appelliert der preußische Stadtkommandant an den „alten Biedersinn und die innere Anhänglichkeit an das brave deutsche Volk". Mit den französischen Soldaten hat sich auch die höhere Beamtenschaft in Richtung Frankreich abgesetzt. Es folgt eine Zeit der provisorischen Verwaltung.

Die Dinge ändern sich im April 1815. Als Ergebnis des Wiener Kongresses bekommt Preußen das Rheinland zugesprochen. Am 5. April nimmt König Friedrich Wilhelm III. von Preußen seine westlichen Lande in Besitz. In seiner Proklamation an die Bevölkerung der neu gewonnenen Gebiete verspricht er nicht nur Schutz gegen äußere Gefahren, der protestantische König verspricht den Rheinländern auch „ihre Religion zu ehren und zu schützen". Die Karten werden neu gemischt. Junge Männer aus dem Rheinland müssen jetzt, mehr oder weniger freiwillig, auf preußischer Seite in den

Am neuen Museum in Waterloo sind die Namen aller an der Schlacht beteiligten militärischen Einheiten verzeichnet.

miert. Der erneute Aufstieg des kleinen Korsen, der Europa im vergangenen Jahrzehnt zum großen Teil unter seine Herrschaft gebracht hatte, soll verhindert werden. Dazu muss auch das 1. Westpreußische Infanterieregiment beitragen, das Regiment, in dem Lorenz Call als Soldat dient.

1772 in Westpreußen von Friedrich dem Großen gegründet, hat dieses Regiment an zahlreichen Kämpfen gegen Napoleon teilgenommen. 1813 kämpft es am 18. Oktober in der Völkerschlacht bei Leipzig. Diese endet mit der Niederlage der Franzosen. Im März 1814 marschiert das Regiment als Teil der siegreichen Armee in Paris ein. Und jetzt, am 16. Juni 1815, steht das rund 2000 Mann starke Regiment mit dem Ehrentitel „Graf Kleist von Nollendorf" unter dem Oberbefehl von Generalfeldmarschall Blücher in der belgischen Ortschaft Ligny, nur wenige Kilometer von Waterloo entfernt. Alle erwarten den Angriff der Truppen Napoleons. Insgesamt 84 000 Mann, dazu 224 Geschütze, hat Blücher unter seinem Kommando. Zusammen mit den Streitkräften des englischen Marschalls Wellington kommen die alliierten Truppen auf rund 220 000 Soldaten. Demgegenüber stehen auf Napoleons Seite rund 125 000 gut ausgebildete, kampferprobte Krieger.

In Ligny versuchen 60 000 Franzosen unter Napoleons Kommando die preußische Armee zu besiegen. Die Schlacht ist furchtbar. In der Ortschaft und den umliegenden Gehöften wird um jedes Haus, um jeden Stall erbittert

In Uniformen dieser Art kämpften die preußischen Truppen bei Waterloo.

gekämpft. Vergeblich warten die Preußen auf die Hilfe der englischen Truppen. Die Schlacht wogt hin und her. Als Napoleon am Abend seine Garde in den Kampf schickt, ist das Schicksal der Preußen besiegelt und die Schlacht verloren. Weil der Kaiser darauf verzichtet, die fliehenden Preußen zu verfolgen, können sich Blüchers Truppen neu formieren und zwei Tage später in der Schlacht von Waterloo entscheidend in den Kampf eingreifen.

In Köln ist man weit weg von den Ereignissen in Belgien. Die Stadt rüstet sich für eine Verteidigung, sollte Napoleon gewinnen. In der Zeitung dieser Tage lesen die Kölner, was sie auch mit eigenen Augen sehen. In der „Kölnischen Volkszeitung" heißt es mit Datum vom 19. Juni:

„Unsere Festungswerke sind bereits so weit vorgerückt, dass die beträchtliche Anzahl von Geschützen, welche dieser Tage von Wesel [Wesel war die mächtige preußische Festung

KÖLN RÜSTET AUF

am Niederrhein, in der eine große Garnison lag] eingetroffen, schon auf den Wällen aufgestellt. Auch erhält die hiesige Garnison, die bisher nur so schwach war, täglich Verstärkungen und soll in der Zeit von zwei Tagen auf die 12 000 Mann gebracht werden."

Während Köln sich noch zur Verteidigung rüstet, ist der Krieg schon entschieden. Napoleon ist besiegt. In der „Kleinen Regimentsgeschichte des Grenadier-Regiments Graf Kleist von Nollendorf" aus dem Jahre 1898 wird die Schlacht von Ligny besonders gewürdigt. Der 15. und 16. Juni seien Tage des unvergesslichen Ruhmes für das Regiment gewesen, liest man dort im Pathos dieser Zeit. Es habe sich unvergleichlich geschlagen und „Wunder der Tapferkeit gethan". „Wenn einzelne Truppentheile für Augenblicke zum Weichen gebracht wurden, so diente das 6. Infanterie-Regiment zum unerschütterlichen Stützpunkt für die Weichenden", zitiert der Autor den Bericht eines Generals über die Schlacht. Einen Eindruck von den Kämpfen in Ligny kann man wenige Tage später in der „Kölnischen Zeitung" lesen. Dort schildert ein nicht genannter Augenzeuge seine Eindrücke:

„Hier begann ein Kampf, der unter die hartnäckigsten gezählt werden muß, deren die Geschichte je erwähnt hat. Oft hat man die Dörfer nehmen und wieder verlieren sehen. Das Vorrücken fand auf engstem Raume statt. Von beiden Seiten rückten Truppen unaufhörlich heran. Jedes Heer hatte hinter dem von ihm besetzten Theile des Dorfes große Massen Fußvolk, welche den Kampf unterhielten und sich stets durch Verstärkungen erneuerten, welche sie von ihrem Nachtroß sowie von den rechts und links gelegenen Höhen erhielten. Ungefähr 200 Feuerschlünde [Kanonen] von beiden Seiten waren auf das Dorf gerichtet, welches an mehreren Stellen in Flammen stand."

Der Bericht endet mit der pathetischen Feststellung: „Die Schlacht war verloren, aber nicht die Ehre."

Die Verluste des Regiments sind gewaltig: „16 Offiziere, 57 Unteroffiziere, 13 Spielleute, 838 Gemeine und 30 freiwillige Jäger" führt die Regimentsgeschichte auf.

Auch Lorenz Call ist unter den Opfern des Gemetzels von Ligny. Der Kölner kommt verwundet ins rund 25 km entfernte Namur. Dort stirbt er wenig später an seinen Verletzungen. Wer in einem solchen Lazarett überlebt, muss angesichts der Umstände und der hygienischen Verhältnisse sehr viel Glück haben. In einer zeitgenössischen Quelle schildert ein englischer Militärarzt die Zustände in einem der vielen Lazarette im Umfeld des Schlachtfeldes von Waterloo. Er schreibt:

„Es ist beinahe unmöglich, von dem menschlichen Elend, das ich dauernd vor Augen hatte, eine Beschreibung zu geben. Morgens um 6 Uhr ergriff ich das Messer und arbeitete ununterbrochen bis abends um 7 Uhr. So auch am folgenden und am dritten Tag. Von der sonst üblichen Sorgfalt bei chirurgischen Operationen konnte keine Rede sein. Denn während ich noch einem Mann den Oberschenkel abschnitt, lagen daneben schon 13 andere, von denen mich jeder drängte, ihn als Nächsten dranzunehmen. Einige flehten mich an, während andere mich an mein Versprechen erinnerten und wieder andere mich einfach nur verfluchten."

Calls Regiment hat – anders als d'Hame behauptet – an der „denkwürdigen Schlacht" bei Waterloo nicht teilgenommen. „Der blutige Sieg war bereits erfochten als das Regiment das Schlachtfeld erreichte", heißt es in der Regimentsgeschichte.

Die Kölner erfahren am 20. Juni vom Ausgang der Schlacht. Ein Extrablatt der „Kölnischen Zeitung" veröffentlicht am Nachmittag des 20. Juni die Niederlage Napoleons. „Der um 2 Uhr heute Nachmittag hier angekommene aus dem Hauptquartier Charleroi von seiner Durchlaucht, dem Fürsten Blücher als Kurier abgeschickte Königlich preußische Oberst von Thiele vom Generalstab, hat Folgendes mitgebracht." Es folgt kurz und knapp die Schilderung des Schlachtgeschehens. Die längere Meldung endet mit dem Hinweis auf das „heldenhafte Kämpfen der englischen Truppen". „Der

Oberst von Thiele weiß die Bravour und Standhaftigkeit der englischen Armee, welche den ganzen Tag über gefochten hat, nicht genug zu rühmen." Der abschließende Satz offenbart das vollkommene Desaster für die Franzosen. Die „Kölnische Zeitung" zitiert den Oberst mit den Worten: „Die theils vernichteten oder versprengten [französischen]Kolonnen bestanden aus der alten Kaisergarde."

Karl-Friedrich Schinkel entwarf dieses Denkmal in der Nähe von Waterloo für die im Kampf gefallenen preußischen Soldaten.

Mit Datum vom 1. Juni 1816, fast ein Jahr nach der Schlacht von Ligny, bekommt der Dompfarrer DuMont Post. Zu dieser Zeit ist der Dom Pfarrkirche. Das Erzbistum ist aufgehoben. Ein Domkapitel existiert nicht.

Absender des Schreibens ist der kommissarische Kölner Oberbürgermeister Karl Josef Freiherr von Mylius.

„Seine Exzellenz, der Herr Oberpräsident, habe ihm zur Anzeige gebracht", schreibt von Mylius, dass „der Musketier Lorenz Call an

DIE TAFEL IM DOM

den in der Bataille vom 16. Juni vergangenen Jahres bei Ligny ehrenvoll erhaltenen Wunden im Lazarett zu Namur verstorben ist, um wegen Aufnahme seines Namens in die durch ein allerhöchstes Edikt vom 5. Mai 1813 vorgeschriebenen Denktafeln in der Kirche, zu welcher er gehört, das Nötige zu veranlassen. Da nun die Witwe Blankenheim, seine Mutter, gegenwärtig in der Dompfarrei, Am Hof, wohnt und den bestehenden Verfügungen gemäß für die Errichtung dieser Tafel mit allen würdigen Bestimmung derselben gebührenden Zeremonien Sorgen getragen werden soll", bittet er „Euer Hochwürden sich Dienstag, den vierten ds. Nachmittags um vier Uhr zu mir bemühen zu wollen, um in dieser Hinsicht das Nötige gemeinschaftlich verabreden zu können".

Das Edikt, auf das Freiherr von Mylius sich bezieht, hat der preußische König Friedrich Wilhelm III. erlassen. Nach dem Willen des Königs soll „allen in jeder Kirche eine Tafel errichtet werden, um die Namen aller zu dem Kirchspiel gehörig Gewesenen, im Krieg ehrenvoll Gebliebenen darauf einzuschreiben." Außerdem soll alljährlich für die Verblichenen eine feierliche Seelenmesse gelesen werden. Außerdem hatte der König konkrete Vorgaben für die Gestaltung der Tafel gemacht in Anlehnung an den von ihm gestifteten Orden vom Eisernen Kreuz als „Belohnung für ausgezeichnetes Verdienst in dem gegenwärtigen entscheidenden Kampf für Ehre und Unabhängigkeit. Um aber auch das Andenken derjenigen Helden zu ehren und der Nachwelt zu überliefern, denen der Orden nicht mehr zuteil werden kann, weil sie für das Vaterland fielen", solle in den Kirchen eine ein-

fache Steintafel, oben mit dem Kreuze des Ordens verziert, auf Kosten des Staates errichtet werden.

So also kommt ein protestantischer König daher und schreibt vor, was im Dom, der alten Bischofskirche, zu tun ist. Dompfarrer DuMont ist wenig begeistert von dem königlichen Ansinnen, das er als Einmischung in die Angelegenheiten der Kirche betrachtet. In seiner Kirche, seinem Dom, soll er neben all den aufwendigen Denkmälern und Gedenktafeln für Bischöfe, Domkapitulare, Grafen und Prälaten eine Inschrift für einen einfachen Soldaten anbringen lassen? DuMont scheint zunächst nicht auf das Schreiben des Oberbürgermeisters reagiert zu haben. Der aber lässt nicht locker und schreibt ein zweites Mal, jetzt aber in deutlich schärferem Ton. In seinem Brief vom 11. Juni erinnert von Mylius den Dompfarrer daran, dass „eine Gedächtnistafel errichtet werden muß". Was die „Verfertigung der Tafel betreffe", so werde er den Architekten Weyer (den späteren Kölner Stadtbaumeister) beauftragen und „ich ersuche daher Euer Hochwürden einen angemessenen, in die Augen fallenden Platz an der Hauptmauer innerhalb der Kirche für die Errichtung der Tafel, denselben dem Herrn Weyer zu benennen und mich sodann vom Tage, an welchem das Traueramt statthaben soll, in Kenntniß setzen zu wollen".

Es ist gut möglich, dass die Tafel bereits Anfang Juli an ihrem Platz im Dom hängt. Am 3. Juli findet dort wie in allen anderen Kirchen eine „allgemeine Todtenfeier in all unseren Pfarrkirchen für die im Kriege gegen Frankreich Gebliebenen" statt, über die die „Kölnische Zeitung" am 4. Juli berichtet. Mit Sicherheit hat die „ungeheure Menschenmasse aller Klassen", die bei dieser Feier den „ungeheuren Raum des Doms füllte" auch des Musketiers Lorenz Call gedacht.

Die Tafel im Dom hat nicht lange an den einzigen Kölner, „der bei Waterloo fiel" erinnert. Anfang der 1830er-Jahre wird sie in einem Domführer noch einmal kurz erwähnt. Dann verliert sich ihre Spur. Der „Kölsche Jong" war wohl nicht bedeutend genug, um nach größeren Renovierungsarbeiten im Dom zu Beginn der 1840er-Jahre die Gedenktafel an ihn wieder an ihrem ursprünglichen Platz, neben den Epitaphien von Bischöfen, Grafen und Prälaten aufzuhängen.

DER DOM UND SEIN BESCHÜTZER

09

März 1945: Amerikanische Soldaten im trümmerübersäten Inneren des Doms

Am 6. März 1945 stoßen amerikanische Truppen in Köln bis zum Rhein vor. Das linksrheinische Köln ist befreit. Die Stadt ist nach 262 Luftangriffen ein Trümmermeer. Mit den Kampftruppen erreicht auch der amerikanische Militärkaplan Philipp Hannan die Domstadt. Der spätere Erzbischof von New Orleans wird für einige Wochen als Dompfarrer mit dem Segen und dem Auftrag des Kölner Erzbischofs Kardinal Josef Frings die Kathedrale nach besten Kräften schützen.

Luftangriff auf Köln; 262-mal wurde die Stadt im Krieg aus der Luft angegriffen.

Ein später Nachmittag an einem eiskalten Dezembertag im Jahr 1944: Ein amerikanischer Soldat, mit langem Trenchcoat gegen die bittere Kälte geschützt, geht über ein schneebedecktes Feld der belgischen Ardennen auf einen Waldrand zu. Der Mann ist 31 Jahre alt. Sein Name: Philip Matthew Hannan. Er ist katholischer Priester und auf der Suche nach seiner Einheit, der er neu zugeteilt ist, dem 505th Parachute Regiment der 82nd Airborne Division. 41 Jahre später, am Dreikönigstag des Jahres 1985, wird dieser junge katholische Geistliche – inzwischen Erzbischof von New Orleans – von Kardinal Joseph Höffner zum Ehrendomherrn ernannt. Dem „Retter des Kölner Doms" dankt Höffner für seinen Einsatz zum Schutz der Kathedrale im März/April 1945. Die Geschichte des jungen Kaplans, der einige Monate zuvor bei der Landung der Alliierten in der Normandie mit dem Fallschirm abgesprungen ist, wäre an diesem Wintertag in den Ardennen fast durch eine Kugel beendet worden. Die Angst der amerikanischen Truppen vor deutschen Partisanen, den sogenannten Werwölfen, die sich in US-Uniformen hinter die gegnerischen Linien

schleichen, um Sabotageakte zu verüben, ist groß. Trenchcoats tragen die Amerikaner in diesem Frontabschnitt nicht. Wohl aber die Deutschen. Sie haben bei der Rückeroberung der belgischen Ortschaft St. Vith ein Materiallager der Amerikaner mit diesen Mänteln erobert. Als Hannan vom Waldrand in deutscher Sprache mit dem Ruf „halt" zum Stehen aufgefordert wird, stockt ihm der Atem. Ist er dem Feind in die Hände gelaufen? Während seines Studiums lernte er ein Jahr lang Deutsch. Er wollte die

Philipp Hannan, der amerikanische Feldgeistliche

Sprache seiner aus Darmstadt stammenden Großmutter sprechen können. Jetzt radebrecht er einige Worte auf Deutsch, worauf zwei amerikanische GI mit gesenkten Maschinenpistolen aus dem Dickicht hervortreten. „You are no German", „Sie sind kein Deutscher", sagen sie und lachen erleichtert. Sein Deutsch sei zu schlecht, meint der eine Soldat, der die Sprache des Feindes perfekt beherrscht. „Ansonsten?", fragt Hannan. Ansonsten hätten sie ihn erschossen, lautet die lakonische Antwort.

Die beiden bringen den Feldkaplan zum Regimentsquartier. Von diesem Tag an begleitet der Geistliche „seine" Soldaten durch den Krieg bis zur Kapitulation Deutschlands.

Die Ardennenoffensive der Deutschen überrascht die Amerikaner im Dezember 1944. Die Kämpfe in der Eifel werden für die Amerikaner zur blutigen Erfahrung. Unbeschreiblich hoch sind die Verluste an Menschen und Material. In keiner anderen Landschlacht des Krieges verlieren die Alliierten so viele Soldaten wie in den engen Tälern rund um Hürtgenwald, um Vossenack und den anderen Eifeldörfern. Ernest Hemingway, der große amerikanische Schriftsteller und Journalist, begleitet die Truppen als Kriegsberichterstatter. Angesichts der vielen toten amerikanischen Soldaten in der „Totenfabrik" der Eifelwälder schreibt Hemingway zynisch:

Vormarsch auf Köln; dieses Foto entstand in Heppendorf, bei Elsdorf

„Es wäre einfacher gewesen, die jungen, unerfahrenen Rekruten dort, wo man sie auslud zu erschießen, als sie später von dort zu holen, wo sie getötet wurden."

Die Ardennenschlacht endet mit der deutschen Niederlage. Der Weg zum Rhein ist offen. Eine Ortschaft nach der anderen fällt den vorrückenden Truppen in die Hände.

Amerikanische und britische Zeitungen berichten täglich in großen Lettern auf den Titelseiten von den Erfolgen der eigenen Armeen. Köln rückt immer stärker in den Fokus der Medien. Die Soldaten werden an vorderster Front von Kriegsberichterstattern begleitet. Sie liefern in Wort, Bild und Film das Material, das an der Heimatfront benötigt wird, um über die Fortschritte im Kriegsverlauf zu informieren und die Motivation der eigenen Bevölkerung zu steigern. Die viertgrößte Stadt des Reiches zu erobern, wäre ein großer Prestigegewinn.

Philipp Hannan kennt Köln. Als Theologiestudent ist er bereits einmal in der Domstadt gewesen. Der Dom und seine herrlichen Kunstschätze haben es dem angehenden Priester angetan. Jetzt, Anfang März, erblickt er, aus der Eifel kommend, auf den Höhen der Ville nach Jahren wieder die einst von ihm so verehrte Stadt. Die gewaltigen Türme des Domes recken sich wie aus einem Ruinenfeld dem Himmel entgegen.

DIE STADT ALS TRÜMMERWÜSTE

Es wird erzählt, dass eine Batterie schwerer Artillerie den Befehl erhielt, die Kathedrale unter Beschuss zu nehmen. So sollen deutsche Beobachter des US-Vormarsches ausgeschaltet werden, die in den Domtürmen Position bezogen haben. Als Hannan dies mitbekam, sei er in das Zelt des kommandierenden Offiziers gestürmt, habe diesem eindringlich von der Schönheit der Kathedrale berichtet und konnte ihn schließlich von seinem Vorhaben abbringen. Ob sich das tatsächlich so zugetragen hat, lässt sich heute nicht mehr verifizieren. Hannan selber habe die Geschichte 1985 während der Feier anlässlich der Verleihung der Ehrendomherrnwürde erzählt, berichten Teilnehmer der Veranstaltung.

Unter dem Kommando von Major General Maurice Rose, Sohn eines Rabbiners, erobert die 3. Panzerdivison, „Spearheads" (Speerspitze) genannt, am 6. März Köln. Zwei Tage später lässt sich Rose zusammen mit zwei anderen Offizieren auf den Treppen zum Dom fotografieren. Es ist ein Symbol des Triumphes über den Gegner.

Die die Kampftruppen begleitenden Journalisten sind Zeugen eines erbitterten Panzerduells unweit des Doms. Ein einzelner deutscher Panzer vom Typ Panther versucht den Vormarsch der Amerikaner zum Rhein zu stoppen. Dramatische Fotos zeigen, wie ein amerikanischer Sherman-Panzer getroffen wird, explodiert und der schwerverletzte Kommandant sich sterbend aus dem Stahlkoloss windet. Kurz darauf wird auch der deutsche Kampfpanzer getroffen und explodiert ebenfalls. Das Foto des ausgebrannten Panzers vor dem Dom ist später berühmt geworden. Noch Tage nach dem letzten Gefecht vor dem Dom haben sich amerikanische Soldaten vor dem ausgebrannten deutschen Panzer fotografieren lassen. Von den deutschen „Helden", die alleine versucht haben, die Amerikaner zu stoppen, haben die meisten diesen Irrsinn mit dem Leben bezahlt.

Die Schlacht ist geschlagen. Der letzte deutsche Panzer brennt.

Bereits am 7. März titelt die britische „Times": „Panzer fahren durch Köln. Amerikanische Truppen am Rhein". In den Zeitungen vom nächsten Tag erscheinen ausführliche Artikel über die Lage in der Stadt. Unter der Überschrift „Herz von Köln: Die ersten Bilder" macht die britische „Daily Mail" mit einem großen Foto vom Dom auf. „Überlebender in Köln – die Kathedrale", heißt es in der Bildunterschrift. „Während die gigantischen Zwillingstürme, die Wahrzeichen des Rheinlands, noch unversehrt

DER DOM – ANGEKRATZT UND VOLLER NARBEN

stehen, ist ringsherum nur Zerstörung." Für die amerikanische Militärzeitung „Stars and Stripes" berichtet Ed Clark aus der Domstadt. Es sei einfacher zu beschreiben, was in Köln noch stehe, als von dem zu berichten, was zerstört ist, heißt es in seinem Artikel vom 8. März. Inmitten dieser Stadt der Trümmer erhebt sich der Dom, zwar angekratzt und voller Narben, aber immerhin noch stehend, so Clark. „Amerikanische Soldaten brauchen keinen Stadtführer für Köln", lautet der letzte Satz seines Artikels. Andy Rooney arbeitet ebenfalls für „Stars and Stripes". Er berichtet in der Ausgabe von einem amerikanischen Sergeant mit Namen Bernhard Bernkopf. Dieser sei am 6. März in die Stadt zurückgekehrt, in der er geboren wurde und in der er die ersten 20 Jahre seines Lebens verbracht habe. Gestern, am 7. März, habe er seinen Vater und seine Mutter wiedergefunden, die sich als Juden vor der Gestapo versteckt hätten. Dies sei nur dank der Hilfe von Nicht-Juden möglich gewesen. Überglücklich habe er seine Eltern in die Arme geschlossen.

Die Kölner bekommen „Informationen", wenn überhaupt, aus dem Radio. Am 8. März sendet der von Propagandaminister Josef Goebbels gesteuerte Reichssender die zynische Meldung: „Der Trümmerhaufen Köln wurde dem Feind überlassen." Das jahrelange Bombeninferno aus der Luft ist für die Kölner beendet. Gefahr kommt jetzt von den deutschen Truppen. Von der rechten Rheinseite aus schießen sie hemmungslos auf den besetzten Teil der Stadt. Der Dom wird unter Feuer genommen. Mindestens 18 deutsche Granaten treffen die Kathedrale. Dort harren am 6. März zahlreiche Menschen aus und erwarten die Ankunft der Amerikaner. Ken Zumwalt ist dabei, als die Kampftruppen den Dom erstmals betreten. Sein Bericht darüber erscheint ebenfalls am 8. März in „Stars and Stripes". Zu Beginn seines Artikels betont er, dass der Dom zwar glaslos, aber nicht in einem irreparablen Zu-

Schaurig schön: Amerikanische Soldaten genießen den Blick auf den Dom.

stand sei. Die anwesenden Fachleute seien der Meinung, dass es möglich sei, den Dom wieder in seinen Vor-Kriegszustand zu bringen. Wie die im Dom zurückgebliebenen 47 Deutschen, darunter zahlreiche Verwundete, so der amerikanische Journalist, jenen Augenblick erleben, beschreibt der damalige Dompfarrer Kleff so:

„Es war gegen 5.10 Uhr [gemeint ist 17.10 Uhr] als die ersten Amerikaner den Dom betraten. Ich ging aus dem Keller in den Dom. Sechs Amerikaner kamen mir entgegen. Sie waren durch den oberen Teil eines schräg stehenden Portals der Südseite eingestiegen. Die zwei ersten lachten mit ganzem Gesicht, gaben mir und Bruder Josaphat, der hinter mir stand, die Hand und gingen dann in die Sakristei und in den Kapitelsaal und schossen durch je ein Fenster dieser beiden Räume auf den deutschen Widerstand."

Es sei zu keinen weiteren Kämpfen vom Dom ausgehend gekommen, schreibt der Dompfarrer weiter. Am nächsten Tag hätten alle Menschen, die im Dombunker Schutz gesucht hatten, die Kathedrale wieder verlassen. Um ein gewaltsames Eindringen zu vermeiden, habe man die Portale des Doms geöffnet gehalten. „Tausende amerikanische Soldaten sind in den Tagen nach der Eroberung in den Dom gekommen. Ihr Verhalten war sehr gut." Nichts Nennenswertes sei in dieser Zeit aus dem Dom

Siegerfoto auf den Treppen des Doms; links steht General Maurice Rose, der den Angriff auf Köln leitete.

gestohlen worden, bemerkt Kleff außerdem anerkennend. „Die schöne Stadt, an die ich mich erinnerte, war nur noch ein Haufen Schutt. Das einzige Gebäude, das stand, war die Kathedrale. Aufrecht wie ein majestätisches Symbol für die Ewigkeit des Glaubens [...]."

So hält Hannan seine ersten Eindrücke in Köln fest. Wahrscheinlich ist es der Dom-

Hierdurch ermächtige ich den Hochwürdigen Herrn amerikanischen Kriegspfarrer Chaplain Philip Hannan, die im Kölner Dom und in anderen Kölner Kirchen befindlichen ungesicherten liturgischen Gegenstände und Gewänder, sowie kirchliche Kunstgegenstände vorläufig vor Diebstahl und Verderb zu schützen, solange wegen der bestehenden Sperrzone deutsche Priester nicht dafür Sorge tragen können.

Erzbischof von Köln.

OBEN LINKS *Es ist Philipp Hannan, der den ersten Gottesdienst im Dom nach der Eroberung feiert.*
OBEN RECHTS *Im Vordergrund erkennt man den großen Dombunker bei dessen Bau das Dionysos-Mosaik gefunden wurde.* UNTEN *Beglaubigungsschreiben des Kölner Erzbischofs für den amerikanischen Feldgeistlichen*

pfarrer, dem der Amerikaner mit dem weißen Kreuz auf dem Stahlhelm begegnet, als er kurz nach der Eroberung der Stadt in den Dom geht. Nach dem Betreten der Kirche trifft er einen „erschöpften und zerzausten Priester", der sich im Keller versteckt hat und nun die Amerikaner begrüßt. Hannan stellt sich vor, zeigt dem deutschen Mitbruder seinen Priesterausweis und sagt, er kenne die Kathedrale. Er werde sich bemühen, den Dom und seine Kunstwerke zu schützen, verspricht der Amerikaner dem Dompfarrer, der wie alle anderen Deutschen den Dom und die Umgebung verlassen muss. Auf die Bemerkung Kleffs, die Kunstwerke seien im Dombunker sicher verwahrt, sagt Hannan nur: „Unsere Jungs haben neue Granaten, die jeden Bunker knacken." Er bietet dem Priester an, Wachen aufstellen zu lassen. Voraussetzung sei allerdings eine Ermächtigung des Erzbischofs. Kleff zögert: Der Erzbischof habe die Stadt verlassen und sich nach Bad Honnef in Sicherheit gebracht.

Sobald die militärische Lage es zulässt, macht sich Hannan mit einem Fahrer auf den Weg nach Bad Honnef. Frings empfängt den amerikanischen Militärgeistlichen freundlich. Ausführlich unterhalten sie sich über die militärische Lage. Frings habe ihn gefragt, warum die Alliierten nicht von Norden in Deutschland einmarschiert seien. Dort gebe es nirgendwo militärische Befestigungen. Der Feldkaplan bleibt die Antwort schuldig. Hannan erklärt dem Erzbischof, dass Deutsche momentan keinen Zutritt zum Dom hätten. Er aber sei bereit, den Dom zu schützen. Frings willigt ein und ernennt den Amerikaner zum „Dompfarrer".

„Hierdurch ermächtige ich den Hochwürdigen Herrn amerikanischen Kriegspfarrer Chaplain Philipp Hannan, die im Kölner Dom und in anderen Kölner Kirchen befindlichen ungesicherten liturgischen Gegenstände und Gewänder, sowie kirchliche Kunstgegenstände vorläufig vor Diebstahl und Verderb zu schützen, solange wegen der bestehenden Sperrzone deutsche Priester nicht dafür Sorge tragen können."

So lautet der Text des in deutscher und englischer Sprache ausgestellten, gesiegelten und mit der erzbischöflichen Unterschrift versehenen Schreibens. Auf diese Weise wird mit Hannan in den Wirren der Tage nach der Er-

oberung Kölns ein amerikanischer Militärpfarrer zum Beschützer der Kölner Kathedrale und setzt damit ein Zeichen der Verständigung zwischen den verfeindeten Völkern.

Mit diesem Auftrag kehrt Hannan nach Köln zurück. Er lässt den Dom bewachen und einen Aufruf veröffentlichen, in dem Soldaten und Kölner aufgefordert werden, Dinge die sie aus dem Dom haben „mitgehen lassen", umgehend zurückzugeben. Am 11. März feiert der Feldkaplan in der Marienkapelle den ersten Gottesdienst im Dom seit der Befreiung der Stadt. Ein Fotograf des „LIFE"-Magazins hat diesen Moment in einem eindrucksvollen Foto festgehalten: Auf dem mit Trümmern übersäten Boden knien 48 GI, das Gewehr in der Hand, während Hannan am Altar die Messe zelebriert.

40 Jahre später stellt das Kölner Domkapitel Ende 1984 den Antrag, dem inzwischen zum Erzbischof von New Orleans ernannten Hannan die Würde eines Ehrendomherrn zu verleihen. „Wir waren der Meinung, dass sich Erzbischof Hannan im Jahre 1945 auf besondere Bitte von Kardinal Frings um die Hohe Domkirche verdient gemacht hat und von daher ein besonderes Verhältnis zum Dom gewonnen hat, das ihn sogar veranlasste, der Hohen Domkirche und der Stadt Köln im vorgerückten Alter einen Besuch abzustatten und im Dom mit uns die Eucharistie zu feiern. Kardinal Höffner stimmt dem Antrag freudig zu. Hannan wird eingeladen, am Dreikönigsfest 1985 den Festgottesdienst zu leiten und die Predigt zu halten. Bei dieser Gelegenheit überreicht ihm der Kölner Erzbischof die Ernennungsurkunde zum Ehrendomherrn und den goldenen Kapitelstern als äußeres Zeichen seiner neuen Würde. Hannan erinnert sich an diesem Tag an seine Zeit in Köln: „Während des Krieges hatte ich als Militärgeistlicher die Ehre, für kurze Zeit dieser herrlichen Kathedrale zu ihrem Schutz als Custodian zu dienen. Die Urkunde dieser Ernennung habe ich immer mit mir geführt als besonderen Ausdruck der großen Privilegien, die mir mein priesterliches Amt gebracht hat."

Im Oktober 2011 ist der Beschützer des Doms gestorben. Er wurde 98 Jahre alt. Bis ins hohe Alter hat er bei besonderen Gelegenheiten mit großem Stolz die Uniform seiner Einheit getragen, in der er im Krieg tätig war.

FOLGENDE DOPPELSEITE *Das Bild fängt den Augenblick ein, als Gerhard Richter zum ersten Mal sein Fenster im Dom sieht. Staunen und große Freude prägen den Gesichtsausdruck des großen Künstlers.*

WIE DIE ROTEN FUNKEN DEN DOM VERTEIDIGEN

10

Weiberfastnacht 2016: Die Roten Funken bilden eine Kette rund um den Dom, um ihn vor „Wildpinklern" zu schützen.

In Köln kann man an Weiberfastnacht etwas erleben. – Diese Aussage ist so, als würde man Eulen nach Athen tragen. Was für Kölner an diesem Tag Normalität ist, lässt Menschen von außerhalb, die erstmals den Karneval erleben wollen oder durch Zufall an diesem Tag in der Rheinmetropole und Karnevalshochburg gelandet sind, nicht selten mit offenem Mund staunen. Leider verloren in den vergangenen Jahren immer häufiger sogenannte Karnevalsjecken mit steigendem Promillespiegel nicht nur den

Mit klingendem Spiel ist das Traditionscorps des Kölner Karnevals von 1823 vor dem Dom aufgezogen.

Respekt vor anderen Menschen, sondern auch gegenüber dem Dom. Ohne jede Hemmung missbrauchen sie die Kathedrale als Urinal.

Solche Schändung der Kathedrale ruft Weiberfastnacht 2016 die Roten Funken auf den Plan. So heißt die 1823 gegründete Karnevalsgesellschaft, die als ältestes Traditionskorps der Stadt gilt. Ihre rot-weißen Uniformen leiten die Funken von denen der Kölner Stadtsoldaten ab, die bis 1794 die Stadt mehr schlecht als recht bewachten. Die Roten Funken verstehen sich als Persiflage einer Truppe, die in Köln kein hohes Ansehen hatte.

Miserabel bezahlt, von der Bevölkerung schlecht angesehen, versuchen die Stadtsoldaten durch allerlei Nebentätigkeiten – zum Beispiel durch das Stricken von Strümpfen – ihren kärglichen Sold aufzubessern. Und: An den Stadttoren, die sie eigentlich bewachen sollen, nutzen sie ihre Kontrollfunktion, um Reisenden, die in die Stadt wollen, gegen ein Trinkgeld die Einreiseformalitäten und -kontrollen „zu erleichtern".

Wie ein solches Verhalten auf Fremde wirkt, die Köln besuchen wollen, beschreibt sehr treffend Joseph Gregor Lang, ein Priester aus Koblenz. Lang ist um das Jahr 1790 per Schiff auf dem Rhein unterwegs. In Köln wird Halt gemacht und Lang geht von Bord:

„Ich stieg nicht weit von der Rheinpforte an dem bevölkerten Ufer aus und drängte mich durch ein Gewühl von Menschen, die mich durch ihr Geschrei fast taub machten. Am Thore ward ich und der Träger angehalten. [...] Die Wache ward eben abgelöset, und ich mußte warten, bis dieser Akt zu Ende war, der mir einen ganz besonderen Begriff von der Kölner Militairverfassung machte. Die beiden Mann, die zur Ablösung aufgeführt wurden, bekamen unter sich einen Disput, weil ein jeder von ihnen den Posten betretten wollte, der in ihrer Aussprache wirklich possierlich liefs. Ich fragte den Führer, was dies bedeute, ob sie nicht kommandirt würden?

‚Ach!', sagte dieser, ‚wir kommandiren uns selbst!' ‚Wozu dienen denn eure Offiziers?' ‚Wir müssen ja doch Offiziers haben.' ‚Dies ist eine wunderbarliche Ordnung', erwiderte ich lächelnd! ‚Ich weiß es wohl, mein Herr!', sagte der Führer mit einer Röthe, die ihm die Schamhaftigkeit auf sein bejahrtes Gesicht legte, ‚aber es ist nicht anders.'

‚Ich habe 16 Jahre dem König von Preussen gedient, daher können Sie wohl schließen, daß ich ein Soldat bin und Ordnung verstehen muß. Ein nicht ganz gefälliger Zufall machte es, daß ich mich hier engagiren ließ, und mache nun, wie die anderen, auf gut Köllnisch mit. Die vornehmsten Posten sind an jenen Thoren, wo eine starke Passage ist; weil es da beim Visitieren der Fremden Trinkgelder giebt, so will keiner auf einen Nebenposten, und aus dieser Ursache entsteht allgemein beim Aufführen auf die Posten ein Zank: die Jüngeren müssen sich es am Ende doch gefallen lassen, zu weichen. Was aber die Bürgermeister- und dergleichen Wachen sind, diese werden kommandirt.'

Ich schüttelte den Kopf, nahm den mir angewiesenen abgelösten Wächter zum Untersuchen (des Gepäcks) mit, der sich ganz willig nach ohngefähr dreißig zurückgelegten Schritten, da ich ihm sagte, daß meine Equipage nur aus etwas Weiszeug und einigen Beinkleidern bestünde, mit neun Stübern befriediegen ließ, und ohne Besichtigung davon zog.

Ich lachte recht herzlich, und dachte noch lange dieser antipreußischen Militairverfassung nach."

chen der Stadt in Gefahr ist. Und so erleben Kölner und Auswärtige am Weiberfastnachttag eine spektakuläre Premiere, die dem Karneval einen neuen und bemerkenswerten Höhepunkt verschafft.

Mit klingendem Spiel ziehen trotz strömenden Regens alle verfügbaren Funken-Mitglieder, „bewaffnet" mit ihren hölzernen Gewehren, vor dem Dom auf. Auf ein Kommando verteilen sich mehr als 200 Offiziere, Soldaten und selbst die Suppenkellen schwingenden

Angesichts dieser Bewachung wagt es niemand, sich dem Dom „feindlich" zu nähern.

Wie Lang die Stadtsoldaten beschreibt, könnten sie auch Gründungsmitglieder der Roten Funken sein, die das preußische Tschingderassabum, Paradieren und Exerzieren gehörig auf die Schippe nehmen. Auch wenn die Roten Funken, ihrem Selbstverständnis entsprechend, militärisch nur sehr „bedingt verwendungsfähig sind", so hört für die „Kerls" in den rot-weißen Uniformen der Spaß auf, wenn das Wahrzei-

Feldköche um den Dom und bilden so einen Schutzring um die Kathedrale.

Soll es jetzt noch ein Wildpinkler riskieren, den Dom zu verschmutzen! Die Funkenwacht am Dom steht; zwar nicht stramm, aber sie steht und verteidigt.

FOLGENDE DOPPELSEITE LINKS *Der Dom bietet immer wieder neue einzigartige Perspektiven.* ÜBERNÄCHSTE SEITE *Am 25. August 2015 erfüllt sich der Wunsch von Dompropst Gerd Bachner (rechts): Zusammen mit Dombaumeister Peter Füssenich (links winkend) besteigt er den Südturm; mit dabei der Chef der Gerüstbauer am Dom, Wolfgang Schmitz (auf der Spitze).*

Unsere gotische Kathedrale kann auf eine fast 800-jährige Baugeschichte zurückblicken, über die im Laufe der Zeit unzählige Bücher geschrieben wurden. Das Buch, das Sie gerade in den Händen halten, unterscheidet sich von den meisten anderen Publikationen, weil es die große Geschichte des Doms anhand vieler kleiner Geschichten erzählt und sie dadurch vor unserem inneren Auge lebendig werden lässt.

So habe ich beim Lesen viele Menschen aus verschiedenen Jahrhunderten neu oder besser kennengelernt, denen der Dom, der Glaube und die Menschen in Köln etwas bedeutet haben, sozusagen „echte Fründe" vom Dom. Allen voran Sulpiz Boisserée, aber auch Gottfried von Arnsberg, Franz Michiels, Philipp Hannan und sogar „Schäfers Nas". Und es ist dem Autor ebenfalls zu verdanken, wenn die Mitglieder des Zentral-Dombau-Vereins in Zukunft mit wissendem Blick auf die Inschrift des Emundus oder die Holzstäbe hoch oben neben der Schuckmadonna blicken werden ...

Robert Boecker hat in seiner Einleitung geschrieben, dass der Dom vor Jahrzehnten sein Herz gewonnen hat. Das spürt man seit Langem in seinen Artikeln in der Kirchenzeitung zum Geschehen in und um den Dom, das wird ganz besonders in diesem Buch deutlich, dessen Texte und Bilder spürbar mit „Herzblut" zusammengestellt wurden. Seit 175 Jahren trägt der ZDV Sorge für den Dom – seit 1842 im Weiterbau, seit 1880 in der Bauunterhaltung. Dafür gilt es Dank zu sagen! Danken möchte ich aber auch für die Veröffentlichung dieses Buches.

So erlaube ich mir, mein Nachwort in Anlehnung an den Buchtitel zu schließen: „Ich denke, Herr Boecker, wir sind beschenkt" – und ich bin auf weitere, neue Geschichte(n) gespannt!

Monsignore Robert Kleine, Domdechant

NACHWORT